Collaborative Planning
Forecasting and Replenishment

CPFR for Global Supply Chain Management

글로벌 SCM을 위한 혁신적 CPFR

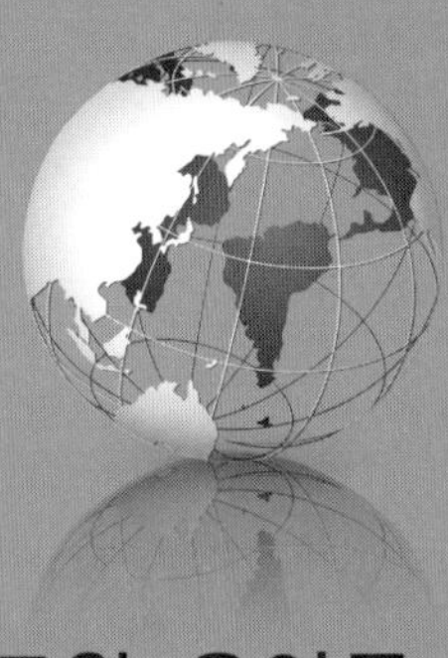

조규완 유영목

도서출판 청람

▪ 머 리 말 ▪

CPFR(Collaborative Planning, Forecasting, and Replenishment)은 고객수요의 완벽한 충족을 지향하는 공급사슬 구성원의 통합적인 재고관리시스템이다. 공급사슬에서 발생하는 판매와 재고 데이터를 이용해 공급업체와 구매업체가 상호 협력하여 공동으로 고객수요 충족을 위한 예측, 계획, 보충을 실행하는 기법인 것이다. 미국의 상거래 표준위원회에 의해 탄생한 CPFR은 궁극적으로 공급사슬의 최적화를 목표로 하는 기법이라 할 수 있다.

이 책은 CPFR의 성공적인 도입과 실행을 위해서 기업이 거쳐야 할 단계적인 과정은 무엇이고 이러한 과정에서 요구되는 기업의 역량이 무엇인지를 살펴보는 것에 중점을 두고 있다. 특히 기업에게 요구되는 CPFR 역량이 CPFR 실행노력과 성과에 어떠한 영향을 미치게 되는지를 실증적으로 살펴봄으로써 효과적인 CPFR 도입을 위해 필요한 실제적 단서를 도출해 보고자 노력하였다.

이 책은 모두 5개의 장으로 구성되어 있다. 제1장에서는 공급사슬관리의 최적화를 추구하는 CPFR의 출현이 있기까지 발전해 온 다양한 공급사슬관리 기법들을 살펴보았다. 제2장에서는 CPFR의 개념을 정의하고 CPFR이 필요한 이유와 CPFR의 도입을 통해 달성하게 되는 성과에 대해서 살펴보았다.

제3장에서는 CPFR의 개념적 모델을 중심으로 CPFR의 구성요소와 CPFR의 도입에 필요한 요인들이 무엇인지를 살펴보았고, 제

4장에서는 실제적인 도입 사례들을 중심으로 다양한 CPFR의 도입유형들을 살펴보았다. 마지막으로 제5장에서는 현재 CPFR을 실행하고 있는 국내기업들을 대상으로 조사한 실증자료들의 분석결과를 제시하였다. 즉, 국내기업들이 전반적으로 CPFR 도입과정에서 나타낸 특성과 개별 기업들이 구체적인 실행과정에서 보여준 실제사례를 살펴보았다.

현재 국내 여러 산업부문에서 성공적인 CPFR의 도입과 실행을 위한 노력과 논의가 꾸준히 진행되어 왔다. 그러나 실증적인 조사자료를 바탕으로 전반적인 CPFR의 도입과 실행에서 필요한 노력들이 무엇인지를 구체적으로 살펴본 연구들은 매우 제한되어 있다. 이 책에서는 이러한 점에 착안하여 그간 저자들이 수행해 온 실증적인 CPFR 연구내용을 바탕으로 전반적인 CPFR의 도입과 실행에서 필요한 노력들이 무엇인지를 제시해 보고자 노력하였다. 책의 완성도를 높이기 위해서 다양한 전문서적과 논문 그리고 실증 조사자료를 수집하고, 분석하려는 노력을 기울였지만 조급한 출간의 욕심으로 인해 부족하고 보완해야 할 부분도 많이 있을 것으로 생각된다. 부족한 부분에 대한 개선과 보완노력은 출간 이후에도 지속적으로 수행하여 책의 완성도를 높여 나가도록 하겠다.

끝으로 이 책의 출판을 흔쾌히 허락해 주신 도서출판 청람의 이수영 사장님과 출간을 위해 수고해 주신 편집부 여러분께 감사드린다.

2013년 7월

저자 일동

▪ 차 례 ▪

Chapter 3 CPFR의 구성요소

Chapter 4 CPFR 도입유형과 사례

Chapter 1

CPFR의 발전과정

1-1 EDI(Electronic Data Interchange)
1-2 MRP/MRP-Ⅱ
1-3 QR(Quick Response)
1-4 VMI(Vendor Managed Inventory)
1-5 CRP(Continuous Replenishment Program)
1-6 ERP(Enterprise Resources Planning)
1-7 ECR(Efficient Consumer Response)

CPFR for Global SCM

Chapter 1

CPFR의 발전과정

오늘날의 기업들은 치열한 경쟁, 짧아진 제품수명주기, 그리고 높아진 고객의 요구수준에 효과적으로 대응하기 위한 수단으로서 공급사슬관리에 보다 많은 관심을 기울이고 있다.[1] 효율적이고 발전된 공급사슬관리 기법의 도입을 통한 경쟁력 향상은 국내외 많은 기업들에게 효율성 향상을 위한 생존의 필수적인 노력으로 인식되고 있다.

공급사슬관리 기법은 다음 [그림 1-1]과 같이 초기의 EDI부터 오늘날의 CPFR에 이르기까지 다양한 발전과정을 거쳐 왔다.

그림 1-1 ▮ 공급사슬관리 기법의 발전과정

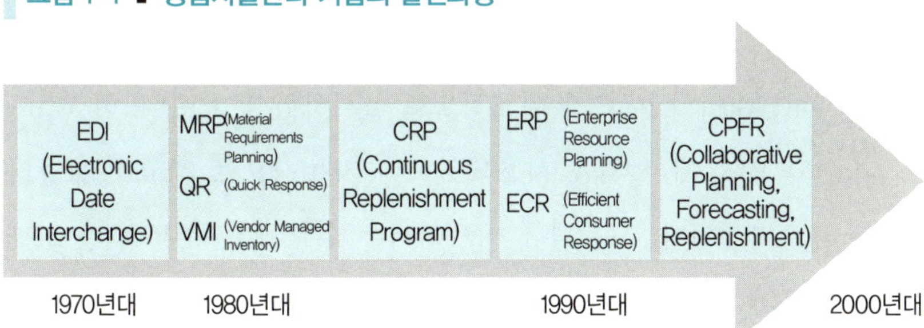

자료 : Attaran, Mohsen and Sharmin Attaran(2007), "Collaborative Supply Chain Management: The Most Promising Practice for Building Efficient and Sustainable Supply Chains", *Business Process Management Journal*, Vol. 13, No. 3, 2007, pp.390–404를 참고로 작성하였음.

EDI는 표준형식에 의하여 기업 간 상거래 서류가 컴퓨터를 통해 전자적으로 교환되는 것으로서 인터넷이 등장하기 이전부터 사용되었다.[2] 그러나 인터넷을 기반으로 한 광범위한 기업 간 연결 네트워크의 출현은 기업들에게 좀 더 실시간으로, 정확하게, 언제 어디서나 정보에 접근이 용이한 환경을 만들어 주었다. IT 기술의 발전을 통한 실시간 정보의 실현은 공급사슬관리에서도 고객-공급자 간의 관리를 보다 체계적으로 만들어 주는 역할을 하게 되었다. 즉 실시간으로 연결된 고객과 공급업체의 재고확인 시스템은 공급업체가 재고 수량을 파악하여 고객에 대한 공급계획을 수립할 수 있게 하는 VMI(Vendor Managed Inventory), CRP(Continuous Replenishment Program), ECR(Efficient Consumer Response)의 출현을 가능하게 하였다.

ECR은 '효과적인 유통관계' 구축을 목적으로 1992년 Kurt Salmon Associates에 의해 처음 소개되었으며, 식품산업에서 공급업체와 유통업체가 협력하여 고객에게 더 큰 가치를 제공하기 위한 전략적 수단으로 등장하였다.[3)4)] ECR의 체계는 VMI와 CRP를 포함하고 있다. VMI는 공급사슬상에서 상부흐름에 있는 기업이 협력적으로 하부흐름에 있는 기업의 재고를 관리하는 기법으로서 Wal-Mart와 P&G가 대표적으로 실시하였다. CRP 또한 Wal-Mart와 P&G에서 처음 사용되었으며 자동적으로 재고를 보충하는 프로그램이다. 오늘날에 이르러서는 수요예측, 주문처리, 고객대응 등에 있어 고객과 공급업체의 실시간 연계와 협력이 가능한 CPFR 시스템이 등장하게 되었다.

CPFR은 VMI의 확장된 형태이다.[5] CPFR이 제공하는 효과적인 수요예측능력은 Wal-Mart를 비롯한 성공적인 적용 사례에서 살펴볼 수 있다. 공급사슬 내의 정확한 수요예측은 채찍효과를 감소시키고 관리의 효율성과 불필요한 자원의 낭비를 제거하게 된다.[6] 국내에도 L전자, S전자 그리고 L마트를 필두로 이러한 수요예측의 합리성에 기반을 둔 공급사슬관리의 향상을 위해 CPFR의 보급이 확산되고 있다.[7] 그러나 다양한 CPFR의 장점에도 불구하고 CPFR을 도입한 기업의 수는 미미한 실정이다. CPFR의 도입을 위한 고객과 공급업체의 협력시스템 구축과 제도정비 등 기본적으로 가져야 할 기반 시스템이 잘 갖춰지지 못한 것이 CPFR 도입이 미비한 가장 큰 이유로 추측된다.

CPFR의 도입과 확산을 통해서 기업의 공급사슬관리 능력을 제고시키는 것은 변화된 환경에 대응하여 기업의 경쟁력을 높이는 효과적인 도구가 될 수 있을 것이다. 따라서 CPFR의 구축을 위해 기업에게 필요한 노력의 내용과 방향을 구체적으로 살펴보는 것은 경쟁력 향상을 위한 실제적인 단서를 제공하는 일이 된다.

CPFR의 구축에 대한 논의를 하기에 앞서서 공급사슬관리의 기법이 지금의 CPFR에 이르기까지 발전해 온 과정을 알아볼 필요가 있다. CPFR의 개념과 체계가 적립되기까지는 1970년대의 EDI로부터 30여 년 가까운 발전과정을 거쳐 왔다. 다음에서는 1970년대 이후 산업현장과 학계에서 공급사슬관리를 위해 개발되고 사용되어 왔던 주요 기법과 체계의 핵심적인 내용들을 살펴보기로 한다.

1-1 EDI(Electronic Data Interchange)

초기 EDI는 미국의 복합운송업체(Intermodal Transportation)

로 구성된 운송업계에서 문서의 전송지연 및 중복처리로 인한 업무의 비효율성을 해결하기 위해 1975년 처음으로 도입되었다.[8)9)] 1978년 운송업계의 EDI 표준이 처음으로 제정되었으며, 이후 항공, 육운, 철도, 해운 등의 표준들이 지속적으로 개발되었다.

EDI는 조직 간 정보시스템의 한 형태이며, 기업 간 주문서, 납품서, 청구서 등 거래에 필요한 데이터와 문서의 표준화된 상거래 서식 또는 공공서식을 상호 합의된 통신표준에 따라 컴퓨터통신망을 이용하여 교환, 처리하는 정보전달방식이다.

Emmelhainz가 조직 간에 비즈니스 문서가 구조화되고 기계적으로 처리 가능한 형태로 교환되는 것으로 EDI를 정의하였듯이, 상거래를 하고 있는 기업 간 표준화된 프로토콜에 따라 컴퓨터 시스템에 의해 온라인 데이터를 상호 교환하는 것이 EDI라고 볼 수 있다.[10)] 조직 간에 상거래를 위한 메시지를 가능한 넓게 합의된 표준적인 규약에 의해 통신회선을 이용하여 컴퓨터나 단말기를 통해서 교환하는 것을 나타내는 것이다.

결과적으로 EDI는 상호 비즈니스를 영위하는 거래 당사자들 사이에 비즈니스에 관한 다양한 문서 및 데이터, 메시지 등을 표준 규약에 따라서 컴퓨터 통신망을 이용하여 교환하는 시스템을 의미한다. 즉 EDI는 거래 당사자 간에 데이터를 효율적으로 교환하기 위해 지정한 데이터와 문서의 표준화된 시스템이라고 할 수 있다.

EDI 시스템은 단순히 사업보조수단으로서의 용도가 아닌, 급변하는 시대의 기업생존을 위한 필수적인 업무처리방식으로 평가되어 왔다. 공급자, 기업, 소비자 등과 같은 거래 당사자들 사이에 거래의 지속성과 효율성을 높여서 경쟁의 우위를 가져다주는 도구로 인식되어 왔다.

2차 세계대전 이후 경제 부흥기에 들어서면서 국내기업 사이의 비즈니스뿐만 아니라 국제적인 기업 사이의 비즈니스에 있어서도 업무와 관련된 문서교환이나 행정처리의 지연현상 해결이 커다란 과제로 대두되기 시작하였다. 이러한 시기에 컴퓨터 시스템의 출현은 기업 사이의 비즈니스 거래를 효율화시킬 수 있는 바람직한 수단으로 인식되었고 이를 실행에 옮긴 것이 EDI라 할 수 있다.

1-2 MRP/MRP-Ⅱ

1) MRP

MRP(Material Requirements Planning)는 종속적인 수요를 가지는 품목의 재고관리를 위해 1970년대 개발된 컴퓨터 기반의 생산 및 재고관리계획 시스템이다.[11] 최종제품에 대한 효과적인 종속부품 생산계획 수립이 MRP 시스템을 통해 가능해지게 된 것이다. 1970년대 이전에는 수작업으로 행하여야 했던 서류작업과 기록을 컴퓨터를 통해 대체하는 것이 가능하게 됨으로써 기존에 활용할 수 없었던 종속수요 품목의 생산계획 아이디어를 실행해 주는 MRP가 널리 보급되었다. 제품 제조 프로세스에 컴퓨터를 이용한 체계적인 생산계획 시스템이 도입됨으로써 고객주문 충족능력의 획기적인 개선이 이루어지게 되었다.

2) MRP-Ⅱ

MRP-Ⅱ(Manufacturing Resource Planning)는 제조자원계

획을 수립하는 것으로서 MRP의 발전된 형태라고 할 수 있다. MRP-Ⅱ는 MRP를 기본으로 MRP가 지니지 못한 생산능력, 인원, 물류계획까지 추가한 시스템이다. MRP-Ⅱ는 기업의 계획을 달성하기 위해 자원과 수요를 연결하는 것에 좀 더 초점을 맞추어 이를 생산계획으로 전환하는 것이라 할 수 있다.[12] MRP-Ⅱ는 생산활동을 지원하기 위해 MRP에서는 불가능했던 전사적인 계획 시스템의 기능을 가지면서 이후 S&OP와 ERP(Enterprise Resource Planning) 출현의 토대가 된다.

3) DRP

DRP(Distribution Requirements Planning)는 유통소요계획으로서 물류 시스템의 계획수립기법이며 MRP로부터 파생되었다. 유통센터의 수요를 합리적으로 예측할 수 있다면 유통채널의 안전재고를 감소시킴으로써 재고유지 비용절감을 통한 유통 효율성의 향상을 기할 수 있다.[13] 따라서 DRP의 목표는 유통채널에서 최소의 재고로 고객이 원하는 시기(적시)에 원하는 양(적량)만큼을 공급업체에서부터 최종고객에 이르기까지 거치게 되는 유통경로 단계별 수요처에 공급하는 것이다. MRP가 생산적인 측면을 다루고 있다면 DRP는 유통에 목적을 두고 있다는 차이점이 있다.

4) S&OP

S&OP(Sales and Operation Planning)는 MRP-Ⅱ에서 확장된 시스템으로서 기업 내의 판매, 마케팅, 생산, 유통, 재무 등의 부서가 가지는 정보를 동기화하고 지속적인 통합을 추진하는 시스템

이다. APICS(The Association for Operations Management)에 의하면 S&OP는 수요와 공급에 균형을 맞추는 의사결정 프로세스이며, 운영계획, 재무계획, 유통계획 등을 조화시켜 높은 수준의 전략계획을 운영하기 위한 기법이라고 하였다. S&OP는 SCM의 전체적인 가시성에 중점을 두고 있으며, 기업의 목표에 따른 판매와 공급의 적절성 검토에 초점을 두고 있다.[14)]

1-3 QR(Quick Response)

기업은 경영환경의 변화에 맞추어 빠르게 신제품을 도입하고, 다양하게 제품을 개발하며, 높은 품질의 제품을 생산함으로써 변화하는 시장과 외부 환경에 대응할 필요가 있다. QR은 이러한 기업의 필요성에 부응하기 위해서 고객의 요구에 신속하게 반응하고자 하는 노력으로 개발된 것이다. QR은 1984년 미국 ARC(The Apparel Research Committee)에서 의류산업에서 고객만족 극대화를 위해 처음 도입되었다.[15)16)]

QR은 공급업체와 고객업체 간의 의사소통, 주문수령과 최종생산 간의 시간 단축, 고객들의 요구에 대한 반응 등 세 가지를 기본적 개념으로 가지고 있다.[17)] QR은 최소한의 리드타임으로 고객들이 필요로 하는 제품을 배달하기 위한 시스템이다. 공급업체와 고객업체 사이의 의사소통을 활발하게 하고 리드타임을 감소시키며 고객들의 요구에 신속하게 반응하는 것을 기본 전제로 하고 있다. QR의 효과적인 실행을 위해서는 다음의 10가지 구성요소가 잘 갖춰져야 한다.[18)]

① 자동보충 시스템

② EDI 구축

③ 바코드

④ POS 데이터

⑤ 공급업체–고객업체 간 제품정보 공유

⑥ 재고관리

⑦ 고객정보 시스템

⑧ 작은 로트 사이즈

⑨ 고객의 관점

⑩ 품목별 매출 파악

QR의 도입을 위해 거치게 되는 단계적인 과정은 다음의 [그림 1–2]와 같다.[19)]

그림 1–2 ■ QR 도입의 6단계

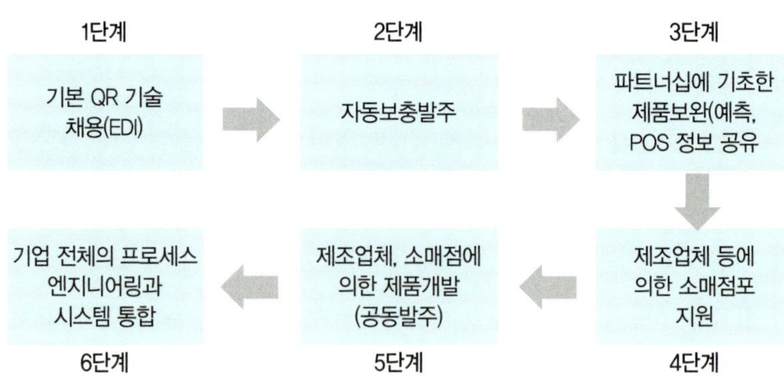

이러한 과정을 거쳐 도입된 QR은 제품 기획, 구매, 생산, 유통 과정상의 재고수준을 감소시키며, 공급업체와 고객업체 간의 협력

체계를 구축하고, 소비자의 욕구에 적절히 대응할 수 있는 제품을 준비할 수 있는 능력을 갖추게 해준다.

1-4 VMI(Vendor Managed Inventory)

VMI는 공급사슬상에서 고객업체와 공급업체의 재고유지와 보충의 효율성을 높이기 위한 방법으로, 공급업체가 고객업체의 품절과 과잉재고를 방지하기 위해 고객업체의 재고관리를 대신 실행해 주는 개념이다. 정보통신기술이 발전함에 따라 1980년대 후반부터 현장에 도입되기 시작한 VMI는 백화점에서 상품의 수요를 정확히 예측하고 보충하기 위해 처음 실시되었으며, 1990년대에 PC 완제품 판매업체인 Dell에서 본격적으로 사용하기 시작하였다. Dell의 VMI는 판매에 있어서 고객만족의 극대화를 목적으로 부품의 유연한 보충을 위해 도입되었으며, Dell사의 다품종 소량생산의 성공을 이끄는 중요한 역할을 하게 되었다.[20][21]

VMI는 고객업체의 재고관리를 공급업체가 주도하는 재고관리 시스템이다. 고객업체의 판매 및 재고정보가 공급업체(vendor)에 제공되면 공급업체는 이를 활용하여 자동으로 재고보충을 실시하게 되며, 이 과정에서 고객업체와 사전에 협의하였던 기준을 적용시켜 보충의 방법과 주문량을 결정하게 된다. VMI는 품절을 방지함으로써 고객업체를 이용하는 고객들에게 상품판매의 기회를 극대화시키고 이로 인하여 고객만족도를 높이는 데 중요한 역할을 할 수 있다. 고객업체에서 재고보충에 대한 프로세스를 책임지는 경우에는 고객업체의 품절 방지를 위한 다양한 노력에도 불구하고 공급업체의 재고나 유통상의 문제로 품절이 발생하는 경우가 생길 수 있다. 그러나 VMI를 실시하게 되면 이러한 문제들을 해결할 수 있게 되는 것이다.

판매에 대한 정보가 공급업체에게 정확히 전달되면서 기존과 다른 수요예측 프로세스가 VMI를 통해 실현되기도 한다. 주문량에 기초한 수요예측에서 실제 고객업체의 판매량에 기초한 수요예측을 실시하게 되어 기존보다 수요예측 정확성이 높아지는 효과를 볼 수 있다. 이러한 수요예측을 바탕으로 공급업체는 고객업체의 고객에 중점을 두고 과잉생산으로 인한 잉여재고의 축적을 막을 수 있고, 품절률을 낮추며, 원활한 유통으로 인한 비용절감 효과까지 누릴 수 있게 된다. VMI가 제공하는 일반적인 효과를 요약해 보면 다음과 같다.[22)]

① **고객업체의 효과** : 고객업체의 입장에서는 발주 시스템의 최소화로 인해 주문비용의 절감과 적절한 재고보유로 인해 재고비용의 절감효과를 누릴 수 있다.

② **공급업체의 효과** : 공급업체는 재고보충에 수반되는 상품의 검수를 간소화하거나 제거할 수 있게 된다. 공급업체가 주도하여 재고관리를 실시하기 때문에 고객업체의 검수 자체가 최소화되거나 생략됨으로써 검수에 대한 비용단축 효과를 누릴 수 있게 된다. 아울러 고객수요에 대응하는 생산시기와 수량조절능력의 향상으로 생산 비용절감 효과를 얻을 수 있다.

③ **고객업체/공급업체 공통 효과** : VMI는 CPFR의 전신이라고도 할 수 있다. VMI로 인해 양사는 앞에 나열한 가시적인 효과 이외에도 기업 간의 중요한 파트너십이 강화되는 효과를 얻

을 수 있다. 전략적으로 두 기업이 VMI를 실행한다는 것부터 상당한 협력이 요구된다고 할 수 있으며 이로 인해 얻을 수 있는 파트너십은 그 어떤 가시적 효과보다 중요하다고 할 수 있다.

VMI가 사용하는 구매/보충 프로세스는 다음과 같이 일반적인 방식과는 다른 방식을 사용하게 된다.[23)]

① **단계 1** : 공급업체가 고객업체의 POS 데이터를 통해 판매와 재고에 대한 정보를 얻는다.

② **단계 2** : 공급업체는 얻어진 정보를 바탕으로 수요예측 및 재고 주문량을 결정한다.

③ **단계 3** : 공급업체는 가용한 유통경로를 이용하여 고객업체에 보충을 실시한다. 이 과정에서 일반적인 구매 및 보충 프로세스와 달리 고객업체에 의한 검수는 이루어지지 않는다.

④ **단계 4** : 고객업체는 보충된 상품을 판매점에 진열한다.

⑤ **단계 5** : 고객업체의 고객이 상품을 구매하게 되며 일련의 프로세스가 반복된다. 이에 따라 POS 데이터가 축적되며 다음 프로세스에서는 더욱 정확한 수요예측이 가능해진다.

VMI의 프로세스를 살펴보면, 일반적인 경우와 달리 프로세스가 진행될수록 정확한 수요예측이 가능해지고, 이에 따라 품절률은 자동으로 하락하게 된다. 이는 VMI의 강력한 기능 중 하나이며, 아직까지도 VMI가 사용되는 이유이기도 하다. 하지만 VMI 또한 단점을 내포하고 있는데, 고객업체가 POS 데이터 제공을 꺼려하거나, 위의 순환 프로세스를 가지지 못하는 계절상품의 경우에는 VMI의 적용이 어렵다. VMI의 정착을 위해서는 상당부분 고객업체와 공급업체의 협력이 요구되는데 적절한 신뢰와 파트너십이 갖추어지지 않았을 경우 VMI는 성공하기 어렵다.

1-5 CRP(Continuous Replenishment Program)

CRP는 상품에 대한 고객수요에 기초하여 획득한 정보를 기반으로 공급업체가 상품을 자동으로 보충하는 방식을 말한다. CRP는 CMI(Co-Managed Inventory)와 VMI(Vendor Managed Inventory)의 방식을 사용하여 상품보충을 하게 된다([그림 1-3]

그림 1-3 CMI 재고보충방식과 VMI 재고보충방식의 비교

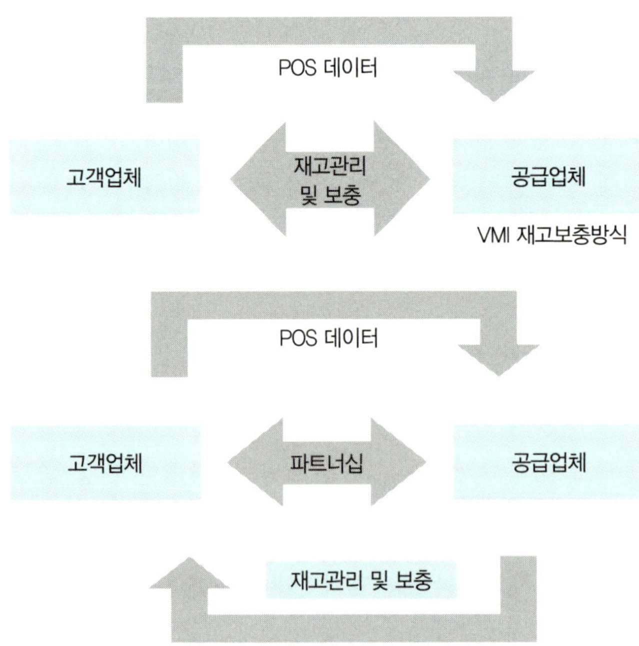

참조). CMI는 공급업체와 고객업체가 공동으로 재고관리를 실시하여 과잉생산을 방지하는 것이고, VMI는 상품의 매출정보에 근거해 공급업체가 직접 재고관리를 실시하는 것이다.

CRP를 활용할 경우 공급업체와 고객업체는 재고상태에 관한 정보를 공유함으로써 상품보충횟수를 증가시키면서 두 업체가 보유하는 재고를 줄일 수 있게 된다. CRP나 VMI 모두 제조업체와 소매업체 사이의 긴밀한 협력관계 유지를 강조하는 것에 차이가 없다. 다만, VMI는 제조업체가 소매업체를 대신하여 재고보충의 의사결정을 주도하는 반면 CRP는 제조업체가 소매업체와의 긴밀한 협력을 통한 지속적인 보충, 즉 보충횟수의 증가에 초점을 맞추는 것에 차이가 있다.[24)]

1-6 ERP(Enterprise Resources Planning)

기업에서는 각 부서의 업무효율성 향상을 위해 정보시스템을 도입해 왔다. 그러나 이러한 정보시스템을 사용하는 데 있어서 각자 개별적인 모듈을 가지고 있는 경우가 많았다. 개별적인 모듈을 가지고 있을 경우 부서 간 전자적 정보교환이 어렵고, 이루어진다 하더라도 정보를 가공하고 변환하는 또 다른 모듈이 필요하였다. 이렇게 각 부서의 목적만을 위해 사용되던 정보시스템이 1990년대에 들어서면서 하드웨어와 소프트웨어의 발전으로 인하여 통합적인 모습으로 변화하기 시작하였다.

ERP(Enterprise Resource Planning)는 어떤 한 기업이 내부의 모든 부서와 공급자, 고객까지 동일한 플랫폼을 가지고 전사적 차원(때로는 공급자와 고객까지)에서 기업운영을 통합하는 시스템이다. 내부의 모든 부서(인사, 재무, 회계, 마케팅, 생산, 유통, 구매 등)가 각기 달리 사용하던 정보시스템을 같은 플랫폼으로 통합하기 때문에 정보의 교환이 쉽다([그림 1-4] 참조). 또한 같은 데이터베이스를 기반으로 하기 때문에 실시간으로 수정되고 더해진 데이터에 접근할 수 있다. 이 시스템을 사용하면 해외 지사, 자국 내 여러 지사들과의 정보교환 활동도 문제없이 할 수 있으며, 이는 기업 전체의 목표 달성을 위해 큰 역할을 하게 된다.[25)]

이와 더불어 최근에는 외부의 공급자, 고객과도 같은 플랫폼을 구축하게 되어 공급사슬상에서 더욱더 효과적이고 강력한 정보시스템으로 부상하게 되었다. 공급자와 고객으로부터 직접적인 정보를 교환할 수 있게 되면, 시간과 장소의 경계를 넘어설 수 있기 때문에 각종 계획수립과 의사소통에 있어서 큰 발전을 이룰 수 있게

그림 1-4 ▮ 전형적인 ERP 시스템의 구성

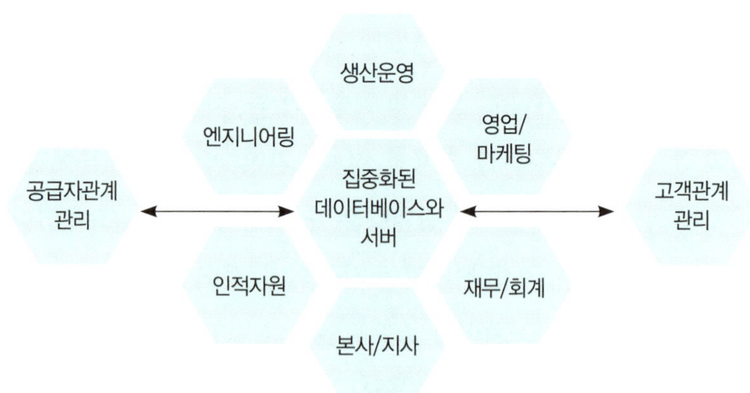

자료 : Wisner, J.D., Leong, G.K. and Tan, K.C.(2005), *Principles of Supply Chain Management*, Thomson, South-West.

된다.

1-7 ECR(Efficient Consumer Response)

공급업체와 파트너십 구축을 통한 효과적인 고객욕구 대응방식으로서 서비스 부문에서 사용되는 대표적인 시스템으로 ECR(Efficient Consumer Response)을 들 수 있다.[26] ECR은 QR의 발전된 형태로서, 고객만족을 목표로 고객의 요구에 효과적으로 대응하기 위한 전략이다. '효과적인 유통관계' 구축을 목적으로 1992년 Kurt Salmon Associates에 의해 처음 소개되었으며, 식품산업에서 공급업체와 유통업체가 협력하여 고객에게 보다 큰 가치를 제공하기 위한 전략으로 개발되었다.[27][28]

ECR은 공급사슬에서 비효율적인 프로세스를 제거하는 것에 목적을 두고 있다. 이러한 프로세스를 제거하기 위해서는 표준화와 정보공유를 실시해야 하며, 이를 위해 공급자와 고객업체가 협력하여야 한다. 비효율적인 프로세스의 제거를 통해 ECR은 공급사슬상의 다양한 공급자와 고객업체 모두에게 가시적인 효과를 보여주게 된다. ECR이 기존 공급사슬 전략과 다른 점은 그 시작이 고객이라는 점이다. 기존의 공급자 중심에서 고객 중심으로 관점을 전환한 것으로서, 고객이 원하는 제품을 필요한 만큼 생산하여 보충하는 고객주도형 전략이라 할 수 있다. 이에 따라 고객의 욕구를 중요시하고 고객만족의 극대화를 추구함으로써, 고객이 질 좋은 제품을 원하는 시간에 원하는 장소에서 저렴한 가격으로 구입하도록 하는 데 초점을 두고 있다.

ECR은 전제적인 공급사슬상에서 효율성 증대를 위해 만들어진 전략이며 다음과 같이 총 4개의 개념으로 구성되어 있다.

- **효율적인 판매 촉진** : 변화하는 고객의 NEEDS에 신속하게 대응하기 위해 판매 촉진을 계획하고 효율적으로 비용을 최소화하여 실행한다.
- **효율적인 제품 소개** : 고객의 반응에 빠르게 대처하여 제품개발에 있어서 성공을 추구하며 고객에 의한 평가가 높아지도록 한다.
- **효율적인 제품 구성** : 판매점의 상품 진열을 최적화여 용적률을 높여 매장의 재고가치를 극대화시킨다.
- **효율적인 제품 보충** : 보충에 있어서 시간과 비용의 최적화를 통해 효율적인 운영이 가능하게 한다. 이를 위해 품절 예방을 위한 재고관리, 물류 최적화 등을 실시한다.

그림 1-5 ▌ ECR의 개념적 구성

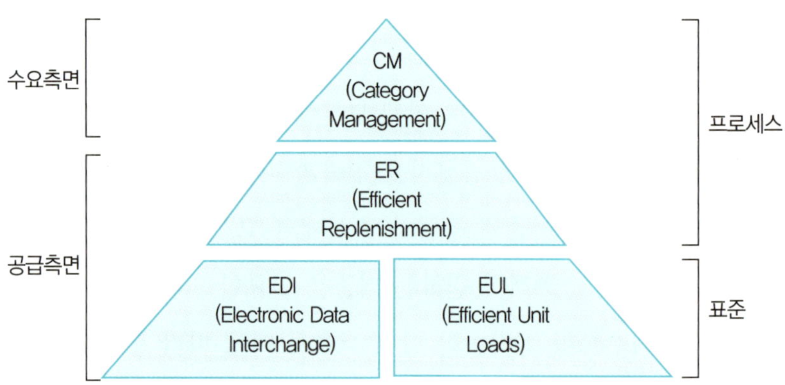

자료 : ECRA(1997), *ECR-Handbuch I, Efficient Consumer Response Austria*, Vienna.

유통서비스 부문에 활발하게 도입되고 있는 ECR 구성내용의 실제적인 사례는 1996년에 Austria에서 식품점을 중심으로 설립된 ECR-Austria 모델에서 잘 살펴볼 수 있다.[29] 유통서비스의 공급사슬에 관여하는 제조부문과 유통부문 및 운송부문의 총 70여 개 회원기업과 150명의 관리자들이 참여한 ECR-Austria는 [그림 1-5]에 나타난 바와 같이 EUL, EDI, ER 및 CM 등 모두 네 가지 ECR 영역으로 구성되어 있다.

이 네 가지 영역은 다시 개념적으로 공급측면, 수요측면, 프로세스 및 표준의 네 가지 항목으로 구분된다. 공급측면(supply-side)과 수요측면(demand-side)은 유통업체와 제조업체의 관련 부서(예 : 구매조달, 물류, 마케팅 및 판매)들을 포함하게 된다. 프로세스(process)와 표준(standards)은 공급사슬 프로세스에서 비즈니스가 수행되어야 하는 방식을 나타낸다. 제안되는 표준의 내용은 ECR 참여기업들이 일치되어 채택하고자 하는 가치(value)를 담게 되며, 주로 공급사슬 파트너들 사이에 수행되는 여러 가지 물류 및 마케팅 활동들에 관심을 두게 된다.

참 | 고 | 문 | 헌

1) 김태현, 문성암 공역(2006), 물류 및 공급체인관리. McGraw-Hill Korea, 서울, 대한민국.
2) Hinge, K.T.(1988), Electronic Data Interchange from Understanding to Implementation, AMA Membership publication Division, American Management Association, New York, USA, pp.9-10.
3) Kurt Salmon Associates Inc.(1993), Efficient Consumer Response: Enhancing Consumer Value in the Grocery Industry, Food Marketing Institute, Washington D.C., USA.
4) Yao, Y., Dong, Y. and Dresner, M.(2004), "Supply Chain Learning and Spillovers in Vendor Managed Inventory", *Working paper*, Lehigh University.
5) Attaran, Mohsen and Sharmin Attaran(2007), "Collaborative Supply Chain Management: The Most Promising Practice for Building Efficient and Sustainable Supply Chains", *Business Process Management Journal*, Vol.13, No.3, pp.390-404.
6) 김태현, 문성암 공역(2006), op. cit.
7) 허권우(2010), "CPFR도입을 통한 공급체인상의 개선 사례연구: L 전자의 CPFR구축 성과를 중심으로", 박사학위논문, 경북대학교 대학원, 대구, 대한민국.
8) Emmelhainz, M.A.(1993), *EDI: A Total Management Guide*, Van Nostrand Rein-hold, New York.
9) Premkumar, G.P., Ramamurthy, K. and Nilakanta, S.(1994), "Implementation of EDI: An Innovation Diffusion Perspective", *Journal of Management Information Systems*,

Vol.11, No.2, pp.157-186.

10) Emmelhainz, M.A.(1988), "Strategic Issues of EDI Implementation", *Journal of Business Logistics*, Vol.9, No.2, pp.50-70.

11) 안영진, 유영목, 홍석기(2010), 생산운영관리, 박영사, 서울, 대한민국.

12) Chang, Chia hao and Jimming T. Lin(1990), "Integrated Decision Support and Expert Systems in a Computer Integrated Manufacturing Environment", *Computer and Industrial Engineering*, Vol.19, pp.140-144.

13) Shapiro, R.(1984), "Get Leverage from Logistics", *Harvard Business Review*, Vol.62, No.3.

14) Ling, R.C. and Goddard, W.E.(1995), *Orchestrating Success: Improve Control of the Business with Sales and Operations Planning*, Wiley, Hoboken.

15) Maclean, C.(1986), "Putting Sentiment into Action", *Apparel Industry Magazine*, August, pp.60-66.

16) Braithwaithe, A.J.(1990), "Management of Quick Response", *Textile Asia*, Vol.21, No.5, pp.134-137.

17) Ernest and Young(1990), *Quick Response Survey of the Textile and Apparel Industries*, Charlote, NC.

18) Kincade, Doris H. and Cassill, Nancy L.(1993), "Company Demographics as an Influence on Adoption of Quick Response by North Carolina Apparel Manufactures", *Clothing and Textile Research Journal*, Vol.11, No.3, pp.23-30.

19) 이상정(2003), "섬유 산업의 QR시스템 구축을 통한 생산성 향상 방안에 관한 연구", 박사학위논문, 한양대학교 대학원, 서울, 대한민국.

20) Holmstrom, J.(1998), "Business Process Innovation in the Supply Chain: A Case Study of Implementing Vendor Managed Inventory", *European Journal of Purchasing and Supply Management*, Vol.15, No. 2–3, pp.127–131.

21) 구봉준(2007), "VMI환경에서 최적생산계획 연구", 석사학위논문, 경기대학교 대학원, 수원, 대한민국.

22) Metters, R.(1997), "Quantifying the Bullwhip Effect in Supply Chains", *Journal of Operations Management*, Vol.15, No.1, pp.89–100.

23) 구봉준(2007), op. cit.

24) Yao, Y. and Dresner, M.(2006), "The Inventory Value of Information Sharing, Continuous Replenishment, and Vendor-managed Inventory", *Transportation Research Part E 44*, pp.361–378.

25) Wisner, J.D., Leong, G.K. and Tan, K.C.(2005), *Principles of Supply Chain Management*, Thomson, South-West.

26) 유영목(2010), 서비스 품질경영, 양서각, 서울, 대한민국.

27) Kurt Salmon Associates Inc.(1993), Efficient Consumer Response: Enhancing Consumer Value in the Grocery Industry, Food Marketing Institute, Washington D.C., USA.

28) Yao, Y., Dong, Y. and Dresner, M.(2004), op. cit.

29) ECRA(1997), ECR-Handbuch I, *Efficient Consumer Response Austria*, Vienna.

Chapter 2

CPFR의 개념과 필요성

C P F R f o r G l o b a l S C M

Chapter 2

CPFR의 개념과 필요성

2-1 CPFR의 개념

CPFR은 Wal-Mart, SAP, Manugistics 그리고 Warner-Lambert 등의 4개 회사에 의해 1995년 10월 처음으로 도입되었다. CPFR은 협력적 계획, 예측, 보충(Collaborative Planning, Forecasting, and Replenishment)의 줄임말로서, VMI와 마찬가지로 정확한 수요예측을 위한 비즈니스 모델이다.[1)]

그림 2-1 ▮ CPFR의 개념

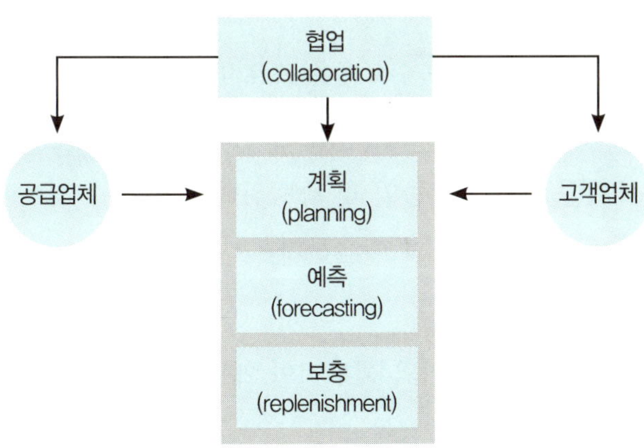

CPFR은 판매와 재고 데이터를 이용해 공급업체와 고객업체가 상호 협력하여 공동으로 예측, 계획, 보충을 실시하는 기법으로서 기존의 기업 간 관계와는 다른 형태를 띠게 되는 기법이다([그림 2-1] 참조). CPFR은 궁극적으로 공급사슬의 최적화를 목표로 하는 기법이며, 미국의 VICS(Voluntary Interindustry Commerce Solutions)에 의해 탄생하였다. CPFR의 가장 핵심적인 요소는 공급자와 고객업체가 공동으로 예측을 실시하며 이를 위해 매우 적극적으로 협업을 실시한다는 데 있다. 서로의 판매와 재고정보를 활용하여 제조, 유통, 판매에 있어서 상호 협력하여 공동으로 예측, 계획, 보충하는 업무 프로세스를 구축함으로써 기존의 수직적인 기업관계에서 탈피하여 수평적인 관계를 구축하여 서로 상생하는 공급사슬 전략이다. 생산계획 수립과 수요예측, 마지막으로 보충까지 협업을 통해서 진행하기 때문에 기업 간 상당한 파트너십과 신뢰가 요구되며, 때에 따라서는 서로에 대한 투자가 이루이지기도 한다.

CPFR은 기존의 공급사슬관리 기법들에서 발전된 시스템이라고 하였는데, 다음의 내용은 ECR에서 더욱더 발전된 CPFR의 특징을 나타내고 있다.[2)]

① 기존과 다른 판매와 수요예측 프로세스

② 공급사슬의 개선을 위한 기업 간 피드백

③ 정보기술 시스템의 통일 및 광범위한 사용

④ 협력적인 예외상황 관리 프로세스

CPFR이 지칭하는 용어의 세부적인 개념은 다음과 같이 정의되고 있다.[3)]

Collaboration	Planning
CPFR의 핵심은 파트너십을 통하여 높은 효과를 창출하는 것이다. 이는 같은 목적을 가지고 파트너가 협업을 행함으로써 이룰 수 있다. 상대적으로 우위에 있는 (또는 규모가 큰) 파트너의 압력에 의해 협업을 강조해서는 이룩할 수 없다. 파트너가 동등한 입장에서 같은 목적을 가지고 협업을 실시함으로써 달성할 수 있다.	'계획'을 파트너가 협력적으로 수립한다는 것은 CPFR의 핵심 활동 중에 하나이다. 사업계획을 비롯한 공급사슬관리에 필요한 계획을 파트너가 공동으로 수립하는 것은 공동의 목적을 달성하기 위한 출발점이 되는 것이다.
Forecasting	**Replenishment**
공급업체와 고객업체 간에 가치 있는 자료를 공유함으로써 수요예측이 정확하게 이루어질 수 있다. 협력적인 수요예측의 최적화를 이루면 전반적인 공급사슬에 있어서 재고관리와 판매의 성과가 향상될 수 있다. 특히 계절상품의 경우에는 협력적인 수요예측을 통해 보다 정확한 분석이 이뤄질 수 있다.	협업은 공급업체에게 보충을 보다 용이하게 해줄 수 있다. POS 데이터의 공유는 주문과 운송의 기민한 대응능력을 향상시킬 수 있으며 공급업체로 하여금 높은 서비스 수준을 유지하게 하는 데 큰 기여를 하게 된다.

CPFR의 협력 활동이 이루어지면 협력사들은 실시간으로 상호 정보교환 활동을 수행할 수 있으며, 정보 인식의 시간 차이로 인한 불확실성과 오차의 위험을 감소시킬 수 있다. CPFR의 장점은 이미 다양한 연구를 통해 논의된 바 있다.[4)5)6)7)8)9)] 이러한 연구들에서 CPFR은 비용감소, 업체 간 파트너십 증진, 실시간 정보 및 신뢰성 높은 정보의 활용, 고객서비스 수준 향상 등 공급사슬에서의 경쟁력을 높이기 위한 주요 성과들을 향상시키는 것으로 보고되고 있다. 또한 CPFR은 기존의 비효율적이고 불평등한 관리방식을 타파하고 정보공유를 기반으로 한 협업시스템을 이용하여 양사가 협

의를 통해 서로 만족할 수 있는 win-win 개념을 제공한다고 하였다.

CPFR은 공급사슬 기법의 초기단계인 EDI에서부터 VMI, CRP, ECR을 거쳐 발전된 개념으로서, 공급사슬의 협업 진화과정에서 가장 최근에 등장한 형태라 할 수 있다.[10] CPFR은 점진적으로 EDI와 같은 방식을 대체하게 될 것이다. 이는 CPFR이 웹을 기반으로 한 방식이며, EDI에 비해 프로그래밍 비용이 낮고, 프로그램 및 재고의 표준화의 범위가 넓으며, 그리고 무엇보다도 1차, 2차, 3차, 4차 등 여러 단계의 파트너 관계에서 사용 가능하기 때문이다.[11] 이는 공급사슬에 존재하는 모든 협력체들의 정보흐름을 통합할 수 있다는 것을 뜻한다. 즉, 이들 업체의 거리, 위치, 국적에 상관없이 정보교환 활동을 통해 수요예측에 대한 정확성과 신속성을 갖추어 모든 파트너들에게 경쟁우위를 가져다줄 수 있는 것이다.

사례 2-1 다국적기업 협력 사례 – 아시아에서 유럽으로

2007년 삼성전자는 Vodafone 독일법인과 CPFR을 도입하였다. 기존에 제대로 된 협력관계 없는 공급사슬에서는 기기의 물량이 부족하여 판매기회를 상실하기도 하였고 수요가 많지 않을 때는 재고비용이 증가하는 등 효율적인 관리가 이루어지지 못하고 있는 상태였다. 하지만 CPFR의 도입을 통해 휴대폰 POS 데이터를 일일단위로 제공받게 되고 독일 내에 지역별 POS 데이터도 공유하게 되었다. 따라서 수요의 변화에 유연성 있게 대처하고 수요예측 정확성을 높이며 품절을 미연에 방지할 수 있게 되었다. 이로 인한 판매기회의 확대는 물론 고객만족(최종소비자와 더불어 고객업체인 Vodafone)도 달성하게 되었다. 독일법인의 성공을 발판 삼아 전 유럽의 Vodafone 법인과 CPFR을 확장하는 계기가 된다면 유럽 내에서 삼성전자의 휴대폰이 굉장한 입지를 가질 수 있게 되는 것이다.

자료 : 삼성 공식 홈페이지 보도자료(www.samsung.co.kr)

2-2 CPFR의 필요성

CPFR의 도입은 정확한 수요예측을 가능하게 하여 공급사슬상에서 발생할 수 있는 채찍효과를 줄임으로써 품절, 과잉재고, 고객서비스 수준 등의 개선을 가져오게 된다. CPFR은 POS 정보공유나 VMI와 같은 기존의 공급사슬관리 기법에 비해 채찍효과, 미충족 주문량(backlog)의 관점에서 뛰어나다고 할 수 있다.[12] 그러나 CPFR을 도입하기 위해서는 공급사슬의 관련 기업들 간의 신뢰와 협력에 바탕을 둔 제도적 뒷받침이 선행되어야 한다. 이것은 많은 발전된 기술지원 시스템의 도입에도 불구하고 CPFR이 지향하는 성과를 구현하지 못하는 사례가 종종 보고되고 있기 때문이다.

CPFR의 도입 필요성은 CPFR이 가져다주는 다양한 경쟁력 향상 지원 효과에서 찾아볼 수 있다. 미국의 INDUSTRY

DIRECTIONS에서 실시한 설문조사에 의하면 89%의 CPFR을 도입한 기업이 CPFR의 도입을 통해 수요예측의 정확성 향상, 전체적인 재고 및 안전재고 감소, 품절률 감소 및 서비스 수준 증대 그리고 이를 통한 판매의 증대 효과를 경험한 것으로 나타났다.[13)]

또 다른 보고에서도 CPFR을 시행하고 있는 기업들은 다음과 같은 경쟁력 향상 효과를 공통적으로 지적한 바 있다.[14)]

① 시장변화에 빠른 대처 가능

② 수요예측 정확성의 증대

③ 판매의 증대(10% 이상)

④ 재고 감축(10% 이상)

⑤ 재고보충률 향상

⑥ CPFR을 시행하는 파트너 확대 추진

⑦ 기업 간 의사소통 활성화

⑧ 100%의 서비스 수준 달성

CPFR은 공급업체와 고객업체 간의 정보소통을 통해 정확한 보충계획을 수립하는 것을 목표로 하며, 이를 통해 물류혁신을 이루어 낼 수 있다.[15)] Ireland와 Bruce는 CPFR에 대한 초기 연구에서, 경쟁의 우위를 점하기 위해서 신속한 CPFR의 도입을 강조한 바 있다.[16)] 미국 GMA(Grocery Manufacturers Association)는 CPFR을 통한 수요예측은 내부 공급사슬의 생산성 개선을 가능하게 해준다고 하였으며, VICS는 CPFR이 협력을 통한 경쟁력 강화를 지향하는 21세기의 가장 진보된 프로세스라고 하였다.

이와 같이 CPFR은 수요예측에 있어서 고객과 공급자 간 정보의 교환 활동을 통해 환경변화에 유연하게 대응하면서도 정확한 예측이 가능하도록 지원하는 가장 효과적인 수요예측 방법이라 할 수 있다. CPFR은 단순히 수요예측뿐만 아니라 파트너와의 관계까지 고려하여 상호 협력적인 시스템의 구축을 강조함으로써, 한 기업의 경쟁력뿐만 아니라 다수의 참여기업에 동시적인 향상을 추구하고 있다. P&G와 Wal-Mart의 CPFR 도입 사례를 살펴보면, CPFR이 수직적인 공급사슬 관계의 문제들(거래비용, 대리인 비용, 교섭력의 고/저)을 효과적으로 해결해 줌으로써 참여기업의 효율성을 향상시키는 성과를 가져오고 있음을 알 수 있다.[17)]

사례 2-2 VMI에서 CPFR로 발전 실패 사례

2010년 8월 25일, 이호준, 〈풀무원-홈플러스 CPFR사업 제자리 걸음〉 etnews

풀무원과 홈플러스는 2009년 말부터 CPFR 도입을 위한 준비를 실시하였고 2010년 초부터 본격적으로 CPFR을 가동하기 시작하였다. 하지만 2010년 8월 현재 두 기업의 CPFR은 별 진전을 보이지 못하고 있었는데, 그 이유는 CPFR의 장점에도 불구하고 국내 시장 상황에 어울리지 않는다는 지적이 나타났다. 이는 국내 대형마트와 제조업체의 현실을 반영하고 있는 것인데, CPFR은 장기적이고 지속적인 운영을 실시해야 하는 반면 국내 시장의 대형마트는 장기적인 판매방식을 유지하기에 부담이 크기 때문이다. 국내 대형마트는 중장기 판매 촉진보다 단기적인 판매계획 수립, 경쟁사의 판매 촉진에 따른 대응 이벤트 마련을 실시하는 경우가 많다. 상황이 이러하다 보니 협업을 통해 얻은 수요예측 결과를 무시하고 진열기회를 더 얻기 위한 제조업체의 무리한 판촉이 나타나는 경우도 생기게 되는 것이다. 두 기업은 CPFR의 초석을 위해 VMI를 실시하고 있지만, VMI에서 CPFR로의 발전은 아직 난관이 많이 있는 것으로 판단된다.

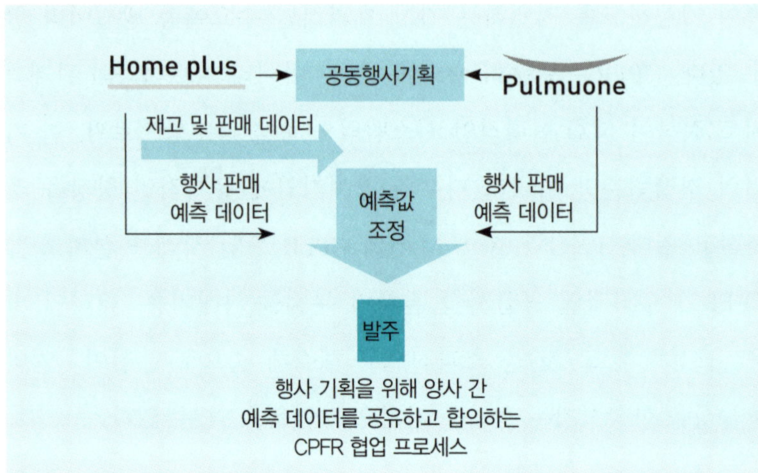

2-3 CPFR의 성과

CPFR의 도입을 통해 달성할 수 있는 성과는 다양한 연구와 조사를 통해서 보고된 바 있다. 주로 공급기업과 고객기업의 협력을 통해 달성하게 되는 주문-조달 프로세스의 운영성과를 개선하게 되는 효과나,[18)19)20)21)] 최종고객의 요구에 대응하는 능력을 향상시키게 되는 효과들이 보고되고 있다.[22)23)24)25)26)] CPFR의 도입을 통해 달성하게 되는 다양한 성과는 매출증대, 시장점유율 증대 등과 같이 시장에서의 경쟁우위 확보를 통해 성취하게 되는 고객지향성과와 재고수준 감소, 생산성 향상 등과 같이 주문-조달 프로세스에서의 효율성 증대를 통해 성취하게 되는 운영지향성과로 구분해서 살펴볼 수 있다.

1) 고객지향성과

고객지향성과는 대표적으로 매출증대, 시장점유율 증대, 제품 판매기회 향상, 시장 및 고객에 대한 유연한 대응, 그리고 파트너십 향상 등의 성과를 포함하게 된다.

매출증대는 CPFR에 따른 판매기회의 확대에 따라 기업의 매출이 증대되는 것을 뜻한다. 시장점유율 증대는 적시 납기, 정확한 수요예측을 바탕으로 시장수요에 대응하는 공급능력을 향상시킴으로써 시장에서의 점유율을 증대시키는 것이다. 제품 판매기회 향상은 적시 납품 및 유연한 보충으로 인하여 제품 판매의 기회가 향상되는 것이며, 시장 및 고객에 대한 유연한 대응은 고객수요를 실시간으로 정확하게 파악하게 됨으로써 수요변동에 대한 대응능력이 향상됨을 뜻한다. 파트너십 향상은 협업으로 인한 파트너 간의 신뢰 및 공동체 의식 함양에 따라 파트너십이 증대되는 것을 뜻한다.

2) 운영지향성과

운영지향성과는 주로 재고수준 감소, 수요예측능력 증가, 서비스 납기의 적시성/유연성 확보, 생산성 향상, 사이클타임 감소, 그리고 원활한 정보흐름으로 나타나는 성과를 의미한다.

재고수준의 감소는 납기와 보충이 적시에 이루어짐으로써 평균적인 보유재고의 수준을 감소시키는 효과를 나타낸다. 수요예측능력 증가는 정보공유의 확대로 인한 재고확인능력 확대와 실시간 예측능력의 증가를 말한다. 서비스 납기의 적시성/유연성 확보는 유기적인 파트너와의 관계를 통한 서비스 납기준수능력 제고 및 납기변경에 대한 유연성의 향상을 의미한다. 생산성 향상은 재고관리의 향상과 서비스 수준의 증가에 따른 투입자원의 감소로 인해 전체적인 생산성의 향상을 도모할 수 있게 됨을 나타낸다. 사이클타임 감소는 제품납기주기/서비스주기/업무처리주기 등의 감소를 뜻한다. 마지막으로 원활한 정보흐름은 파트너와의 시스템 통합과 정보공유로 인하여 원하는 정보를 쉽게 얻을 수 있음을 뜻한다.

사례 2-3 성과 개선 사례 1 – Liquor Control Board of Ontario

캐나다 Ontario State(이하 온타리오주)에서는 주류를 일반 편의점이나 슈퍼마켓에서 판매하지 않는다. 주류만을 전문으로 취급하는 소매점을 운영하고 있는데, 그중 하나가 Liquor Control Board of Ontario(이하 LCBO)이다. 이 주류전문소매점은 세계 각지의 다양한 종류의 술을 판매하고 있다. 2003년 LCBO는 고객의 입맛 변화, 제품군의 지속적인 증가, 조달처의 방대함, 긴 리드타임 등으로 인해 변화하는 비즈니스 환경에 적응하고지 새로운 전략을 구상하게 되었는데, 바로 공급사슬 재정비를 통해 성공적인 소매환경을 만들고자 하였다. 기존까지의 LCBO의 공급사슬은 굉장히 취약하였는데, 이는 다음의 [표 2-1]에서 확인할 수 있다.

표 2-1 ▮ 2005년 이전의 LCBO의 공급사슬

분류	내용
수요의 불확실성	수요에 대처 미흡
공급의 낮은 신뢰성	재고창고가 제 역할을 하지 못함
	높은 재고
	정시배달률의 저하

따라서 공급사슬 프로젝트팀을 결성하고 혁신적인 공급사슬 솔루션을 개발함으로써 파트너와의 네트워크 공유를 통한 효율성과 효과성의 증진으로 제품의 흐름을 개선하고자 하였다. 혁신적인 공급사슬 솔루션 개발을 위해

산업 내의 사례를 찾던 중 VICS의 CPFR의 사례를 접하게 되었다. 세 가지의 CPFR 프로세스의 장점인 표준화, 측정 가능함, 반복적으로 수행 가능하다는 점에 높은 점수를 부여하고 CPFR을 적극 도입하게 되었다. CPFR 도입을 통해 완벽한 통합과 자동화를 이룩하고 LCBO의 특색에 맞추어 CPFR 솔루션을 개발하였다. 2003년에 6개의 공급자들과 시범사업을 실행한 뒤 2005년 21개의 공급사들로 확대 실시하였으며, 이는 전체 사업의 34%에 달하는 수치였다. 자동화된 정보교환 시스템을 바탕으로 하여 공급자들에게 보다 가시적인 판매정보와 재고상태를 제공함에 따라 수요예측 정확성을 높일 수 있었다. 이는 결국 공급자에게는 생산계획 효율성, 자재소요계획 수립의 효율성, 재고감소의 효과 등의 결과를 가져왔고, LCBO는 리드타임 감소, 안전재고수준 감소, 정시배달과 주문충족률의 증가를 가져왔다. 하지만 2003년부터 시작한 CPFR의 도입이 순탄치만은 않았는데, 도입과정에서의 협업에 대한 장벽으로 파트너들 간의 정보공유 거부감, 초기 도입 비용문제, 높은 복잡성이 발생하였다. 하지만 궁극적인 고객만족을 위해서 공급사슬관리 혁신의 필요성을 실감한 LCBO의 적극적인 도입의지로 CPFR 도입 파트너의 수가 증가하는 추세이다.

자료 : http://www.canadianalodging.com/uploads/lcbo3.jpg

사례 2-4 성과 개선 사례 2 – Panasonic(이하 파나소닉)

파나소닉은 일본 소재의 전자기업으로서, DVD플레이어, 캠코더, TV 등을 생산하는 업체이다. 2004년 파나소닉은 플라즈마 TV 시장이 급속도로 발전할 것을 예상하고 시장점유율 증대를 계획하게 되었다. 이를 위해 효과적인 공급사슬을 시행할 수 있는 CPFR을 도입하게 되었다. 파나소닉의 CEO는 6개월 안에 판매와 수익의 증대를 위한 공급사슬 프로세스의 재구성을 주문하였고 부사장인 Mike Aguilar의 강력한 추진의지 아래 소매점의 POS 데이터를 기반으로 하는 CPFR을 도입하게 되었다. i2(공급사슬 솔루션업체)와 제휴를 맺고 시작된 CPFR의 도입은 수요예측을 비롯한 전반적인 공급사슬계획을 견고하게 해주었고, 매주 파트너들과 수요예측을 위한 미팅을 실시하였으며 6개월 만에 CPFR을 파나소닉과 파트너들에게 접목시키면서 괄목할 만한 성장을 이루어 냈다. 다음은 파나소닉의 CPFR 도입에 따른 결과물을 나열한 것이다.

1) 전체 플라즈마 TV 산업이 평균적으로 2배의 판매고를 올리는 동안 파나소닉은 5배의 판매고를 달성
2) 플라즈마 TV 시장점유율을 40%까지 상승
3) 공급사슬의 전반적인 비용의 감소
4) 기존에 고객의 수요 대처에 6~8주가 걸렸으나 CPFR 도입 후 1주 내에 대처 가능
5) 파나소닉과 파트너의 재고수준 1/3 감소
6) 주문 리드타임이 기존에 2~3주가 걸렸으나 CPFR 도입 후 3~5일로 감소

수요신호가 발생하면 빠르게 대처가 가능하고 품절률 저하에 따른 판매기회의 확대로 2005년 플라즈마 TV 시장점유율이 40%까지 상승한 것은 괄목할 만한 결과이다. 이는 효과적인 공급사슬관리로서의 CPFR의 효용성을 대표하는 결과물이라고도 할 수 있다.

자료 : http://rt.com/business/panasonic-cut-5000-jobs-007/

사례 2-5 **성과 개선 사례 3 – 삼성전자**

2008년 12월 3일 〈이하 삼성전자 보도자료 전문〉

삼성 TV, 최악 불경기 뚫고 블랙프라이데이 시즌 판매 '불티'

최근 경기 침체에도 불구하고 삼성 TV가 최대 성수기인 미국 '블랙프라이데이' 시즌에 선전했다.

삼성전자는 블랙프라이데이 시즌인 11월 28~29일 이틀 동안 판매된 LCD TV 판매 물량이 비수기인 6월 한 달 TV 전체 판매 물량인 36만 대 수준과 대등한 것으로 집계됐다고 2일 밝혔다. 특히 올해 블랙프라이데이 시즌에 판매된 LCD TV는 작년 대비 3배 이상 늘어났다.

삼성전자는 미국 최대 유통인 베스트바이에서 프로모션용으로 준비한 물량을 목표 대비 100% 이상 판매한 것은 물론 일반 제품까지 더불어 판매가 상승하는 일거양득의 효과를 거뒀다. LCD TV의 경우 48주 주간 기준으로 목표 대비 120% 이상 판매를 달성했다.

또한 홈시어터, DVD플레이어, 블루레이플레이어 · 홈시어터 결합상품도 목표 대비 150% 이상 판매고를 올렸고, 특히 홈시어터는 판매 호조로 북미 시장 M/S 1위를 넘볼 수 있게 되었다.

일각의 우려에도 불구하고 TV/AV제품의 판매 호조를 보인 것에 대해 삼성전자 관계자는 "SCM, CPFR 등 삼성만의 과학화된 공급망 관리시스템을 통해 블랙프라이데이 시즌의 수요를 정확히 예측해 충분한 물량을 사전에 준비했고 시즌에 맞춘 광고와 프로모션 전략이 맞아떨어진 것으로 분석된다"고 밝혔다.

또한 이 관계자는 "블랙프라이데이용 별도 TV 모델을 6개월 전부터 기획하고 특별 제작함으로써 블랙프라이데이 이후 기존 제품가격 하락을 최소화하는 전략을 사용했다"고 말했다.

각 유통별로는 삼성전자가 베스트바이와 월마트에서, 샤프는 시어스(Sears)에서 소니는 웹(온라인)에서 강세를 보인 것으로 나타났다.

블랙프라이데이에는 각 유통별로 할인율을 다르게 책정하기 때문에 유통에 따라 인기제품이 다르게 나타나게 된다. 이번 블랙프라이데이는 웹으로도 판매가 이루어져 매장을 찾지 않고도 블랙프라이데이 혜택을 누리는 소비자들이 많았다.

또한 소비진작 차원에서 각 유통마다 추가 프로모션을 기획하고 있는 것으로 알려졌다. 서킷시티를 필두로 유통들이 프로모션을 연장하여 모처럼 살아난 소비자들의 구매를 연말까지 이어 간다는 전략이다.

한편 시장조사기관 NPD의 미국 TV 시장 조사 결과(46주, 11월 15일 기준), 삼성전자 LCD TV는 수량기준 25.5% 금액기준 36.7%로 독보적인 1위를 이어 갔고, 소니가 수량기준 17.3%, 금액기준 25.2%로 2위를 차지했다.

삼성전자는 PDP TV에서 눈부신 약진으로 수량기준 42.2%의 점유율로 파나소닉과 같은 점유율을 차지해 미국 평판TV 시장을 주도하고 있는 것으로 나타났다. 금액기준으로는 파나소닉이 43.6%로 1위, 삼성은 38.2%로 2위를 차지했다.

미국 유통업체인 프라이스(Frys) 매장을 찾은 고객들이 삼성전자 평판TV를 구입한 후 매장을 나가고 있다.

참 | 고 | 문 | 헌

1) VICS(1999), Roadmap to CPFR : The Case Studies, Available from: http://www.vics.org.

2) VICS(2004), CPFR : An Overview, Available from: www.vics.org.

3) VICS(2002), Global Commerce Initiative Recommended Guidelines: Collaborative Planning, Forecasting and Replenishment Version 2.0, Available from: http://www.vics.org.

4) Flidner, G.(2003), "CPFR: an Emerging Supply Chain Tool", *Industrial Management & Data Systems*, Vol.103, No.1, pp.14–21.

5) Attaran, Mohsen and Sharmin Attaran(2007), "Collaborative Supply Chain Management: The Most Promising Practice for Building Efficient and Sustainable Supply Chains", *Business Process Management Journal*, Vol.13, No.3, pp.390–404.

6) Shu, Tong, Shou Chen, Chi Xie, Shouyang Wang and Kin Keung Lai(2010), "AVE–CPFR Working Chains on The Basis of Selection Model of Collaborative Credit–Granting Guarantee Approaches", *International Journal of Information technology & Decision Making*, Vol.9, No.2, pp.301–325.

7) Olorunniwo, Festus O. and Xiaoming Li(2010), "Information Sharing and Collaboration Practices in Reverse Logistics", *An International Journal of Supply*

Chain Management, Vol.15, No.6, pp.454-462.

8) Hingley, Martin, Adam Lindgreen, David B. Grant and Charles Kane(2011), "Using Fourth-party Logistics Management to Improve Horizontal Collaboration among Grocery Retailers", *An International Journal of Supply Chain Management*, Vol.16, No.5, pp.316-327.

9) Sagar, Nikhil(2010), "Delivering The Plan: The CPFR and S&OP Continuum", *Journal of Business Forecasting*, Winter, pp.14-20.

10) Ireland, Ron and Bruce, R.(2000), "CPFR: only the Beginning of Collaboration", *Supply Chain Management Review*, September/October, pp.80-88.

11) Flidner, G.(2003), op. cit.

12) 김태현, 오문성, 김이석(2011), "수요의 특성과 공급체인 협업 유형의 적합성 연구", 로지스틱스연구, 19(1), pp.97-116.

13) Industry Directions and Syncra Systems(2000), "The Next Wave of Supply Chain Advantage: Collaborative Planning, Forecasting and Replenishment", *CPFR Survey Finding & Analysis*, Vol.1.

14) Sagar, Nikhil(2010), op. cit.

15) Pfeifer, Christine, Julian Hensolt, Kathrin Wolfinger, Nancy Kornas and Steffen Erath(2008), "Investigation of Opportunities that Exist within The Automotive Supply Chain for Collaborative Planning, Forecasting and Replenishment", *VICS CPFR White Paper*.

16) Ireland, Ron and Bruce, R.(2000), "CPFR: only the Beginning of Collaboration", *Supply Chain Management Review*, September/October, pp.80-88.

17) Mahoney, Joseph T. and Sung Min Kim(2010), "CPFR as A Relational Contract: An Incomplete Contracting Perspective", *International Journal of Learning and Intellectual Capital*, Vol.7, No.3–4, pp.403–428.

18) Buhr, Brian and Jean Kinsey(2003), "E–commerce: A New Business Model for The Food Supply/Demand Chain", *The Food Industry Center Working paper*.

19) Flidner, G.(2003), op. cit.

20) Chung, W.W.C. and Leungz, S.W.F.(2005), "Collaborative Planning, Forecasting and Replenishment: A Case Study in Copper Clad Laminate Industry", *Production Planning & Control*, Vol.16, No.6, pp.563–574.

21) Andraski, Joseph C. and Jack Haedicke(2003), "CPFR: Time For the Breakthrough?", *Supply Chain Management Review*, Vol.7, No.3, pp.54–60.

22) Gruat La Forme, France–Anne, Valérie Botta Genoulaz and Jean–Pierre Campagne(2007), "A Framework to Analyse Collaborative Performance", *Computers in Industry*, Vol.58, No.7, pp.687–697.

23) Pfeifer, Christine, Julian Hensolt, Kathrin Wolfinger, Nancy Kornas and Steffen Erath(2008), op. cit.

24) Chang, Tien–Hsiang, Hsin–Pin Fu, Wan–I Lee, Yichen Lin and Hsu–Chih Hsueh(2007), "A study of an Augmented CPFR Model for The 3C Retail Industry", *Supply Chain Management: An International Journal*, Vol.12, No.3, pp.200–209.

25) Olorunniwo, Festus O. and Xiaoming Li(2010), op. cit.

26) Attaran, Mohsen and Sharmin Attaran(2007), op. cit.

Chapter 3

CPFR의 구성요소

3-1 CPFR 모델
3-2 CPFR 프로세스
3-3 CPFR의 성공요인

C P F R for Global SCM

Chapter 3

CPFR의 구성요소

3-1 CPFR 모델

CPFR은 판매와 재고 데이터를 이용해 공급업체와 구매업체가 상호 협력하여 공동으로 예측, 계획, 보충을 실시하는 기법으로서 기존의 기업 간 관계와는 다른 형태를 띠게 되는 기법이다. CPFR은 궁극적으로 공급사슬의 최적화를 목표로 하는 기법이며, 미국의 VICS(Voluntary Interindustry Commerce Solutions)에 의해 탄생하였다. [그림 3-1]은 VICS가 제시한 CPFR의 흐름과 구성을 나타내고 있으며, 그림에서 볼 수 있는 CPFR 실행흐름의 요약내용은 [표 3-1]과 같다.[1)]

그림 3-1 ▮ CPFR 실행을 위한 제조업체와 소매업체의 과업

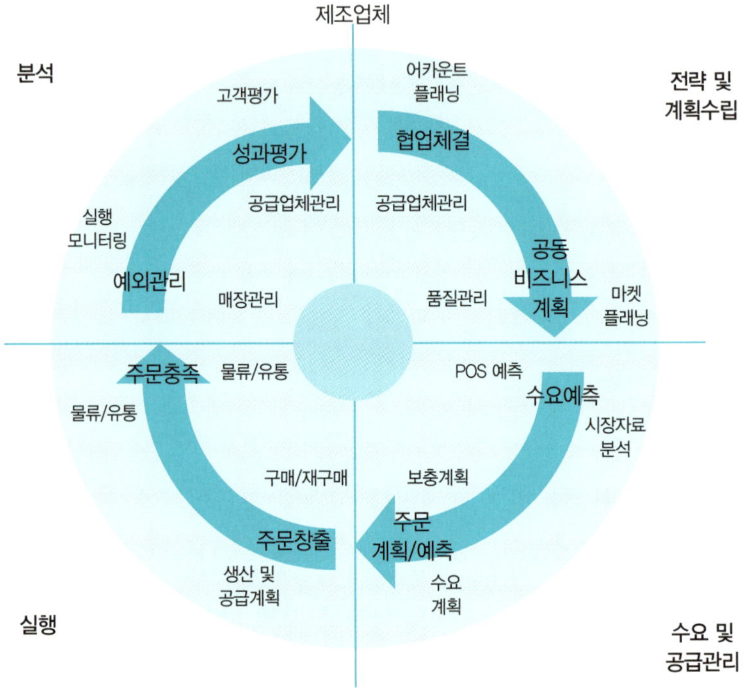

자료 : VICS, CPFR An overview, 2004, www.vics.org.

표 3-1 ▮ CPFR 실행흐름의 내용

단계	전략과 계획	수요와 공급관리
구분	업체 간 협력관계에 대한 규칙을 정하고 제품군과 재고 위치 등에 대한 세부사항을 정리하고 앞으로의 계획을 수립함	최종고객의 수요와 주문, 제품 적재요구사항 등에 관한 계획은 수평적으로 실시함
단계	**실행**	**분석**
구분	주문 수주, 배달 준비, 상품의 수령과 보충 수행, 거래의 기록과 지불을 실행함	계획과 실행 활동을 모니터링하고 예외사항을 확인하며, 결과를 공유하여 핵심적인 성과요인 또는 실패요인을 분석하고 앞으로의 계획에 반영하며, 관찰사항과 수정계획을 공유함으로써 지속적인 개선이 가능하도록 함

CPFR은 일반적으로 앞의 [그림 3-1]과 같은 반복적인 과정을 통해 이루어진다. 이러한 CPFR의 과정을 수행하기 전에 공통의 자료표준을 만들고, 데이터베이스에 그 자료를 입력하며, 협력업체 간의 주문-조달 시스템을 동기화시키는 것이 필요하다. 일반적으로 거치게 되는 CPFR의 도입과정을 단계별로 살펴보면 다음과 같다([표 3-2] 참조).[2)]

표 3-2 CPFR 도입의 9단계

단계	내용	구분
단계 1	사전 협약서 작성	계획단계
단계 2	공동 사업계획 수립	계획단계
단계 3	판매 예측 실시	예측단계
단계 4	판매 예측의 예외 파악	예측단계
단계 5	예측 문제 해결	예측단계
단계 6	주문 예측 실시	예측단계
단계 7	주문 예측의 예외 파악	예측단계
단계 8	주문 예외 문제 해결	예측단계
단계 9	발주	보충단계

① **단계 1 사전 협약서 작성 :** 이 단계에서는 협업을 통한 비즈니스 목표들을 설정하고 기업 간 관계가 조명된다. 또한 양사의 책임범위와 사전 점검사항을 확인하고 조달에 관련한 조약을 맺게 된다.

② **단계 2 공동 사업계획 수립 :** 계획단계에서 중요한 고려사항인 공급과 수요에 영향을 줄 수 있는 내용을 논의한다. 여기에는 판매 촉진, 재고 정책, 점포 영업과 제품에 대한 내용까지 포함한다.

③ **단계 3 판매 예측 실시 :** 실제 판매에 입각한 매장의 POS 데이터에 대한 공유가 양사 간에 이루어지게 된다. 제품에 따라 판매점의 POS 데이터뿐만 아니라 물류에서의 입출고 데이터와 제조사의 출고 데이터도 같이 공유된다. 반드시 공동 계획에서 협의하에 다뤄졌던 계획에 입각하여 판매 예측을 실시하여야 한다.

④ **단계 4 판매 예측의 예외 파악 :** 양사 간에 공동으로 정한 판매 예측 오차범위를 벗어나는 예외상황을 파악한다. 이를 통해 예측에서 제외되는 품목을 선별하고 그 정보를 토대로 다섯 번째 단계인 예측 문제 해결을 실시한다.

⑤ **단계 5 예측 문제 해결 :** 양사 간에 활발한 의사소통과 단계 4에서 파악된 예외상황을 판매 예측에 반영함으로써 예외 품목에 대한 예측 문제 해결을 실시하여야 한다.

⑥ **단계 6 주문 예측 실시 :** 수립된 공동 사업계획과 판매 예측을 토대로 주문 예측을 실시하는 단계이다. 주문 시 고려해야 할 사항으로 공급에 소요되는 시간과 재고의 위치 등을 고려하고 단기적인 측면에서는 주문을 위한 자료로 활용되며 장기적인 측면에서는 공동 사업계획 수립과 전략 수립에서 다시 사용된다.

⑦ **단계 7 주문 예측의 예외 파악 :** 수립된 공동 사업계획에 나와 있는 예상주문량의 오차범위를 벗어나는 품목을 파악하고 사전 협약을 바탕으로 하여 예외로 적용할 품목의 선정을 실시한다.

⑧ **단계 8 주문 예외 문제 해결 :** 양사 간에 활발한 의사소통과 단계 7에서 파악된 예외상황을 주문 예측에 반영함으로써 예

외 품목에 대한 예측 문제 해결을 실시하여야 한다.

⑨ **단계 9 발주 :** 이전에 거쳤던 단계들을 통해 예측된 사항을 실제 주문 발주를 통해 보충을 하게 되는 단계이다.

사례 3-1 공급사슬관리 어워드 – 삼성전자의 우수기업상들

삼성전자는 미국 상거래 표준협회(VICS)의 2007년 연례총회에서 'CPFR 우수기업상'을 수상하였다. 전자업체로는 최초의 수상이었으며 이미 2005년 VICS로부터 '상거래 상호 협력상'을 받은 바 있다. CPFR을 통해 삼성전자는 미국 내에서 수요예측이 전반적으로 25% 이상 향상되고, 유통재고 수준 또한 전반적으로 11주에서 6주로 줄어들어 정시배달률을 48% 이상 높여 미국 내 TV 시장 내에서 큰 역할을 하고 있다. 이로써 삼성전자의 브랜드 가치 또한 높아질 것이라는 전망 또한 해볼 수 있을 것이다. 삼성전자는 VICS뿐만 아니라 파트너업체인 Circuit City(유통업체)로부터 '최우수 공급사슬관리 우수기업상'을, BestBuy(전자기기 판매업체)로부터 브라보 어워드(공급사슬 파트너 관련 어워드) 또한 수상한 바 있다.

이러한 수상 경력은 삼성전자의 공급사슬관리 능력을 단편적으로 보여주는 것이기도 하다. 삼성전자가 산업 내 경쟁으로부터 살아남고 지금의 위치까지 도달할 수 있었던 것은 훌륭한 공급사슬관리, 특히 CPFR의 공헌이 매우 큰 역할을 하였다고 할 수 있다.

사례 3-2 공급사슬관리 어워드 – LG전자 '대한민국 IT 이노베이션 대통령상' 수상

2009년 11월 26일 〈이하 LG전자 보도자료 전문〉

'대한민국 IT 이노베이션 대통령상' 수상

LG전자가 지식경제부가 주관하는 '2009 대한민국 IT 이노베이션 대상'에서 최고 영예의 대통령상을 수상했다.

IT 이노베이션 대상은 산업과 공공 분야의 IT 경쟁력 강화를 촉진키 위해 매년 IT 활용, 보급에 공이 큰 기업과 유공자를 발굴, 포상하는 제도다.

LG전자는 지식경제부가 추진하는 전자태그(RFID : Radio-Frequency

IDentification) 분야 IT 혁신 네트워크 사업자에 선정돼 TV사업 부문의 공급망 관리(SCM)에 전자태그 시스템을 적용함으로써 생산성을 크게 향상시킨 점을 높게 평가 받았다.

LG전자는 지난해부터 경북 구미의 TV공장에 전자태그 시스템을 전면적으로 채택해 물류의 흐름을 실시간으로 자동 관리하게 했다.

모든 주요 자재와 제품에 포장단위로 전자태그를 붙이는 한편, 주요 이동경로인 협력업체, 생산라인, 물류창고 등에 리더기를 설치, 물류의 흐름을 한눈에 파악할 수 있게 됐다.

부품 자재가 협력업체에서 생산돼 LG전자 생산라인으로 이동, 완제품 생산공정을 거쳐 공장에서 출하되는 순간까지의 모든 정보를 시스템에서 바로 확인할 수 있다.

직원이 리더기를 들고 제품에 부착된 바코드를 일일이 읽어서 하던 입/출하 작업에도 오랜 시간이 걸렸지만, 리더기가 전자태그를 읽는 방식으로 바뀌면서 자동화됐다.

또, 이 시스템으로 지금까지 단순한 수량관리 수준의 재고관리 업무에서 벗어나 제품의 생산이력정보(주요 구성부품, 생산경로, 생산일자, 품질 등급)까지 통합관리함으로써 생산성을 획기적으로 높였다.

물류창고의 공간활용도 좋아졌다. 물류창고를 지역별로 나눠 리더기를 설치, 제품의 입고, 지게차 적재, 적치 등 물류창고 안에서 제품의 이동을 리더기가 실시간으로 파악함으로써 물류의 정확한 위치 파악이 가능해졌다.

이를 바탕으로 생산계획 수립도 주(週)단위에서 일(日)단위로 주기를 단축시켜 필요한 만큼만 제때 생산함으로써 재고 관리비용을 절감하고 생산을 안정화했다.

한편 이 시스템은 LG전자와 협력업체 상생협력의 좋은 사례로도 평가받고 있다.

CPFR(Collaborative Planning Forecasting and Replenishment)을 구축, 주문 · 생산계획을 실시간으로 LG전자와 협력회사 간 또는 협력회사 상호간에 협의할 수 있도록 했다.

LG전자와 협력업체는 이를 통해 연간 100억 원 이상의 비용절감 효과를 거두었고, 물류창고를 거치지 않고 공장에서 고객에게 바로 제품을 배송하는 직출하율을 2008년 75%에서 96%로 획기적으로 높였다.

LG전자의 전자태그 시스템은 단순한 기술 적용뿐 아니라, 공급망 관리의 근본적인 프로세스 혁신을 통해 재고 절감과 관리 비용절감 등 실질적인 효과에 초점을 둔 것이 주요 성공요인으로 평가받고 있다.

LG전자는 향후 전자태그 시스템을 다른 제품에 확대 적용하고, 해외지역까지 범위를 넓혀 기업의 핵심 경쟁력인 공급사슬관리 효율성을 극대화할 예정이다.

3-2 CPFR 프로세스

CPFR은 단순히 협업과 IT 기술을 활용한 물류보충 시스템이 아니다. 기업은 CPFR의 최종적 목표인 공급사슬의 최적화를 위해 CPFR의 모든 프로세스를 이해하고 역량을 증대시킬 필요가 있다. 즉, 공급사슬 최적화를 위하여 CPFR 프로세스의 역량을 최고수준으로 만들어야 한다.[3] CPFR 프로세스를 구성하는 세부 프로세스의 내용은 다음과 같다.

1) 협업 프로세스

협업 프로세스는 공동 사업계획 프로세스, 프로모션/신제품 도입 프로세스, 그리고 결과 평가 등 세 가지 하위 프로세스로 이루어져 있다.

① **공동 사업계획 프로세스** : 프로모션과 신제품 출시를 위한 공동계획을 창출하는 파트너십 프로세스를 말하며, 계획은 공통적으로 이해하고 있는 기업 전략에 비추어 평가된다. 공동사업계획 프로세스가 완전하게 실행될 경우, 프로모션과 새

품목 출시 이벤트를 공동으로 기획하며, 공동으로 예측하고 평가하는 노력이 이루어진다. 이벤트 시행의 결과는 연간계획을 성공적으로 실행할 수 있도록 기여하게 된다. 보상 제도를 통하여 공동 사업계획 프로세스를 지속시키게 된다.

② **프로모션 및 신제품 도입 프로세스** : 프로모션 계획이 효율적이고 효과적으로 실행될 수 있도록 전환시키는 프로세스를 말한다. 이 프로세스가 완전하게 실행되면, 매우 효과적인 프로모션 프로세스가 일상적으로 사용되고, 수요예측은 정확하며, 그 내용은 공급사슬을 통해 명확하게 전달된다. 허용 가능한 범위 내에서 재고수준이 유지된다.

③ **결과 평가 프로세스** : 공동으로 설정한 목표에 비추어 프로모션과 신제품 도입 노력의 성과에 대해 공동 평가가 이루어지는 프로세스를 말한다. 이 프로세스가 완전하게 실행되면, 결과 측정은 파트너 기업과 공동으로 이루어지게 되며, 공동 사업계획이 담고 있는 품목 카테고리별 목표 혹은 기업목표와 연계된다.

2) 통합된 계획 및 예측 프로세스

통합된 계획 및 예측 프로세스는 정보기술 활용, 수요발생신호 개발, 그리고 수요예측의 내부 통합 등으로 이루어져 있다.

① **정보기술 활용** : 상품 카테고리 관리 업무와 측정 시스템을 지원하기 위한 정보기술의 개발 프로세스를 나타낸다. 이 프로세스가 완전하게 실행되면, 통합된 의사결정지원 시스템을 사용하여 모든 파트너들에게 관련 정보를 제공하고, 결과에

대한 공동 평가와 협력 활동의 촉진 및 계획의 실행을 지원하게 된다.

② **수요발생신호 개발** : 수요발생신호가 실제 고객수요와 일치하게 하는 프로세스를 나타낸다. 이 프로세스가 완전하게 실행되면, 단기적인 수요발생신호를 조정하기 위해서 가시적으로 소비자 수요예측 자료, 창고 인출자료 및 POS 자료가 활용된다.

③ **수요예측의 내부 통합** : 정확한 수요예측의 내용이 현재의 생산과 보충 프로세스에 통합되도록 만드는 프로세스를 말한다. 이 프로세스가 완전하게 실행되면, 공동의 판매 및 주문예측 자료가 기업 내의 생산 및 재고보충계획 시스템에 통합되고, 예측의 정확성은 허용하는 범위 내에서 유지된다.

3) 보충 프로세스

보충 프로세스는 배달 신뢰성, 효율적 인수, 점포 판매 프로세스의 신뢰성과 기준 준수, 판매점의 자동 주문, 보충 프로세스, 그리고 제품흐름으로 이루어져 있다.

① **배달 신뢰성** : 주문이 정시에 적정 수량과 품질로 배달되고 있는지를 확인하기 위해서 배달의 신뢰성을 측정하는 프로세스를 말한다. 이 프로세스가 완전하게 실행되면, 초일류기업 수준의 배달성과를 달성하게 되며, 95% 이상의 정시/정량 배달률을 달성하게 된다.

② **효율적 인수** : 창고에서 효율적인 인수가 실행되도록 만드는 프로세스를 나타낸다. 이 프로세스가 완전하게 이루어지게

되면, 효율적인 물품의 배송과 인수를 위해 바코드, ASN, 파레트 시스템 등과 같은 최신 기법을 활용하고 이를 통하여 유통센터 내의 물품 인수, 분류 및 배송 활동이 이루어지게 된다.

③ **점포 판매 프로세스의 신뢰성과 기준** : 데이터 보전성, 프로모션용 주문, 수행 준수, 선반 배치 및 진열계획 및 점포 내 상품보충을 관리하기 위한 기준이 잘 마련될 수 있도록 노력하는 프로세스를 말한다. 이 프로세스가 완전하게 실행되면, 프로모션, 진열, 보충 등에 관해 일선 점포의 판매 프로세스에서 지켜야 할 기준들이 100% 잘 지켜지고 있어서 프로모션을 통한 판매량에 대한 예측이 잘 이루어지게 된다.

④ **판매점의 자동 주문** : 점포 내의 저장 및 주문 시스템이 자동으로 수행되도록 만드는 프로세스를 말한다. 이 프로세스가 완전하게 실행되면, 재고파악을 위한 검색과 지속적인 노력이 이루어지고 품목 카테고리별 요구수준에 따라서 재주문 사이클에 대한 조정이 이루어지게 된다.

⑤ **보충 프로세스** : 재고보충을 위해 실제 고객의 수요를 반영하고 점포의 진열공간까지 반영되도록 하는 프로세스를 나타낸다. 이 프로세스가 완전하게 실행되면, 전적으로 수요에 입각한 보충시스템을 사용하여 유통센터와 소매점포의 서비스 수준을 높게 유지하고, 동시에 품절이나 재고수준을 허용된 범위 내에서 잘 유지하게 된다.

⑥ **제품흐름** : 크로스도크(cross-dock) 등과 같은 물리적인 제품흐름관리 기법이 유통 네트워크에서 실행되는 프로세스를 말한다. 이 프로세스가 완전하게 실행되면, 각각 다른 제품

흐름을 가지는 대안에 대해서 비용/효과 분석을 실행하고 이를 유통비용에 반영하게 되며, 유통센터의 레이아웃과 유통능력을 잘 갖추어 체계적인 실행이 이루어지도록 지원하게 된다. 품목에 따라서는 크로스도킹(cross-docking)과 같은 효율적인 흐름관리 시스템을 사용하게 된다.

사례 3-3 국내 기업 간 CPFR – KT와 삼성전자

2011년 11월 11일 〈이하 삼성전자 보도자료 전문〉

삼성전자 박재순 전무(右), KT 표현명 사장(左)

삼성전자와 KT는 9일 양사가 함께 국내 휴대폰 공급 효율화를 위한 '협력공급기획 예측(CPFR) 프로그램' 도입을 위한 MOU를 체결했다고 11일 밝혔다.

삼성전자는 가전제품 분야에서 국내 대형 유통업체와 CPFR을 가동한 적은 있지만 국내 이동통신사업자와 CPFR 시스템 도입을 결정한 것은 이번이 처음이다.

CPFR(Collaborative Planning, Forecasting and Replenishment)은 제조사와 이동통신사업자 간 협력을 통해 물량 수요예측을 조정해 나가는 프로세스이며, 특히 국내 이동통신 시장처럼 돌발적으로 수요변화가 많은 시장환경에서는 삼성전자와 KT 간 판매, 재고, 생산계획의 정보를 실시간 공유함으로써 적기에 필요한 물량을 공급하고 재고는 최소화할 수 있어 제조업체와 이동통신사업자 모두 윈-윈할 수 있는 효과를 가져다줄 것으로 기대하고 있다.

또한, 소비자 측면에서는 원하는 제품을 안정적으로 공급 받을 수 있을 것으로 보인다. 양사 관계자는 "지난 6개월간 양사가 매주 1회 정기적인 CPFR 미팅을 시행한 결과, 시장 예측과 재고관리 능력의 개선으로 획기적인 재고 감축과 적기 판매를 통해 기대 이상의 성과가 나타났으며, 이를 바탕으로 향후 양사 전산연동으로 확대 추진 예정이다"라고 말했다.

3-3 CPFR의 성공요인

CPFR의 성공적인 실행을 위해 필요한 요인에 대해서는 국내외의 사례를 비롯하여 다양한 연구를 통해서 논의되고 있다. 국내에서 실행되었던 CPFR 시범사업에서는 CPFR의 성공적인 실행요인으로서 실무팀의 의지, 참여업체 간의 상호 신뢰, working group 구성을 통한 정기적인 모임과 정보공유 그리고 표준 적용 및 참여업체의 시스템 통합 등이 중요한 것으로 나타났다.[4] 또 다른 국내 연구에서는 최고경영진의 지원, 강력한 파트너십, 정보 및 자료 공유, 전사적인 관련 조직의 참여, 데이터 표준화 및 통합 그리고 정기적 미팅 및 모니터링을 주요 실행요인으로 보고하였다.[5]

여러 연구들에서 다양하게 논의된 CPFR의 성공적 도입을 위한 세부적인 실행요인들은 대략 다음과 같이 8개의 요인으로 요약해 볼 수 있다. 즉, 파트너십, 정보공유, 시스템 통합, IT 기술 활용, 이익과 위험의 공유, 종업원 교육, 최고경영진의 의지, 물류업체와의 협력관계이다.

1) 파트너십

파트너십은 파트너 간의 신뢰로 인하여 형성된다고 볼 수 있다. 경제적 교환에서 신뢰는 '어떠한 참여에서든 당사자들이 조화롭게 행동하기 위해 성실한 노력을 하고 협상에서 정직하며 기회주의가 가능하더라도 상대를 기만하지 않으리라는 기대감'으로 정의된다.[6)7)] CPFR의 경우에는 파트너 간 신뢰와 협력이 대단히 중요하다. 이것은 외부로 유출하면 안 되는 정보의 공유가 빈번히 발생하기 때문이다. 파트너 사이의 신뢰는 정보공유를 원활하게 하며 상생을 위한 밑거름이 된다. 실행요인 선정을 위한 기존 문헌 고찰에서도 빈번하게 파트너 신뢰에 대한 내용이 언급된 바 있으며, 이는 CPFR에 있어서 파트너 신뢰가 중요한 역할을 차지하고 있음을 나타내는 것이다.

2) 정보공유

공급사슬관리에서 정보공유는 공급사슬 의사결정자를 위해 관련 정보를 적절히 수집하고 보급하는 것이다.[8)] 관련 정보는 대부분 공급사슬의 운영에 있어서 중요한 정보를 포함하는 경우가 많으며, 특히 CPFR의 경우에는 정확한 수요예측을 위해 실시간으로 정확한 정보공유가 요구되고 있다.

3) 시스템 통합

시스템 통합은 특정한 요구를 하나로 해결해 주기 위하여 여러 가지 부합된 하드웨어, 소프트웨어, 그리고 통신시스템과 관련 요원을 취합하는 것을 말한다. CPFR의 경우는 정보공유가 원활히 이루어질 수 있도록 내/외부 IT시스템 및 전달방식의 표준화를 이루는 것이 중요하게 된다.[9)]

4) IT 기술 활용

공급사슬관리에 IT 기술이 접목되기 시작하면서 관리시스템의 운영에 많은 발전이 이루어져 왔다. CPFR의 구축을 위해서도 IT 기술의 활용은 필수적인 요소가 된다.[10)11)] 즉, IT 기술에 있어서 단편적인 시스템 도입뿐 아니라, 지속적 투자를 통하여 IT 기술 활용을 위한 설비의 보충, 소프트웨어 업그레이드, 그리고 사용자 환경 개선 등을 포함한 모든 것이 IT 기술 활용에 포함된다.

5) 이익과 위험의 공유

공급사슬상에서의 이익과 위험의 공유는 공급사슬 전체의 이익을 증대시킬 수 있는 것으로 보고되고 있다.[12)] 정보공유와 파트너십의 구축을 통해서 서로에 대한 위험 요소와 불확실성을 줄임으로써 이익을 최대화시킬 수 있다는 것이 이익과 위험의 공유가 가져다주는 효과인 것이다. 이러한 이익과 위험의 공유는 CPFR이 필수적으로 요구하는 협력적 관계 구축을 위한 전제 조건이 된다.[13)14)15)]

6) 종업원 교육

CPFR은 다른 SCM기법과 달리 협력에 보다 초점을 맞추고 유기적인 정보교환 활동이 이루어져야 하기 때문에 이에 따라 적절한 교육이 필요하다.[16] 다른 혁신적인 경영기법들의 도입과 마찬가지로 CPFR의 성공적인 도입과 실행을 위해서는 시스템 운영에 필요한 종업원의 교육이 수반되어야 하며, 특히 기업의 상황에 맞는 교육과 훈련의 뒷받침은 중요한 실행요인이 된다.

7) 최고경영진의 의지

여러 선행 연구를 통해 보고된 바와 같이 CPFR이 성공하기 위해서는 최고경영진의 역할이 매우 중요하다.[17][18] 비단 CPFR뿐만 아니라, 공급사슬관리, TQM, 그리고 6 시그마 등의 새롭고 혁신적인 경영기법들의 성공적인 도입을 위해서는 최고경영자의 도입 의지가 크게 작용하게 된다.[19][20][21] 그만큼 기업 내에서 경영기법의 도입은 최고경영자의 의지가 크게 반영된다고 설명될 수 있으며, 중요한 요소라고 볼 수 있다.

8) 물류업체와의 협력관계

물류 협력관계란 물류 제공업체와 사용업체 사이에 일정기간 동안 이익과 위험을 공유하는 물류상의 관계라고 볼 수 있다.[22] CPFR이 성공적으로 구축되기 위해서는 물류의 정확성이 뒷받침되어야 하며, 물류업체와 사용자가 같은 목표를 가지고 목표의 달성을 위하여 노력해야 한다. 이를 위해서는 전략적인 지식과 전문성을 겸비한 물류서비스 기업과의 협력관계의 구축이 전제되어야 한다.[23]

사례 3-4 정보공유 성공 사례 – Verizon과 삼성전자

모바일산업은 가장 도전할 만한 여지가 많은 사업 분야 중의 하나이다. 제품수명주기가 매우 짧고 광범위하고 복잡한 유통구조를 가지고 있기 때문이다. 이런 사업 환경에 발맞추어 미국의 Verizon과 삼성은 VICS의 CPFR의 도입을 실시하게 되었다. CPFR의 도입은 미국 내의 경제상황과도 맞물려 있었는데, 2008/2009년 미국의 서브프라임 모기지 위기와 경제불황으로 인해 많은 기업들이 비용감소에 초점을 두고 있었다. Verizon의 수익과 판매 또한 감소세를 보이고 있었고 비용절감에 초점을 맞추고 있었다. Verizon의 가장 큰 골칫거리는 재고수준이었고, 따라서 재고감축이 1순위의 비용절감 대상이 되었다. 이에 따라 Verizon의 가장 큰 파트너 중에 하나인 삼성과 CPFR을 적극적으로 추진하게 된 배경이 되었다. Verizon과 삼성의 CPFR 특성 중에 하나는 정보공유이다. CPFR 도입 장애요인으로 정보공유의 거부를 예로 들 수 있는데, 이 경우에는 오히려 정보공유가 두 기업 간의 파트너십을 증진시키는 역할을 하였다. Verizon은 공급자인 삼성에게 한시적인 정보공유를 실시하였는데, 정보공유에 따른 삼성의 대응능력 증가를 목격한 뒤로 정보공유의 가치를 인정하고 매우 적극적으로 정보공유를 실시하고 수요예측을 실시하게 되었다. 이미 삼성은 BestBuy와 같은 소매업체와 CPFR을 실행한 전력이 있기 때문에, 정보공유에 따른 CPFR 능력을 여지없이 보여주었고 이것이 두 기업의 파트너십 증진에 큰 영향을 끼친 것이다. 이후 상시 미팅과 짧은 제품수명주기에 따른 비즈니스 계획을 공동으로 수립하고 단계별로 CPFR을 도입함으로써 양사에게 커다란 이익을 안겨주게 되었다. 다음 [표 3-3]은 Verizon과 삼성의 운영성과의 개선을 나타낸다.

표 3-3 ■ Verizon과 삼성의 CPFR로 인한 운영성과 개선

	도입 초기	약 6개월	약 12개월	약 18개월
Verizon 유통 재고	기존과 동일	31% 감소	44% 감소	51% 감소
삼성전자 유통 재고	기존과 동일	40% 감소	40% 감소	40% 감소
수요예측 정확성	47.5%	62.0%	84.2%	지속적으로 80% 이상의 정확성
정시배달 실패	기존과 동일	60% 감소	73% 감소	약 87% 감소

사례 3-5 파트너십 개선 사례 – Sony 전자와 Wal-Mart[24)]

2008년 Sony 전자는 지속적인 삼성전자의 TV제품에 대한 도전으로 인해 업체 선두자리를 빼앗겼고, 당시 전문가들은 삼성전자와 Sony 전자의 SCM의 차이가 주요한 요인 중에 하나라고 지적하였다.[25)] Sony 전자는 SCM의 중요성을 인지하고 암울한 경제전망과 안정적이지 못한 수요신호에 당면하면서 상황 타파를 위해 고객의 요구에 귀를 기울이기 시작했다. 파트너인 Wal-Mart와의 협업을 통해 수요의 가시성을 확보하게 되었고 이로 인해 개선된 고객만족, 재고감소, 재고 회전율의 증가, 수익의 증가를 누리게 되었다. Sony 전자가 얻게 된 이익에는 두 가지의 노력이 뒷받침되었는데, 앞서 나열한 최종고객, 유통상의 고객업체에게 초점을 맞추면서 시작되었다.

협업의 시작은 기업 내부와 더불어 기업 외부의 파트너와의 연결로부터 시작되는데, 특히 주요 SCM 파트너와 CPFR을 통해 SCM 프로세스를 연결시키려는 노력을 Sony 전자가 적극적으로 실시하였다. 이러한 노력의 결과로 Wal-Mart의 최고공급자상을 수상하면서 SCM 프로세스의 연장과 능력의 한계를 탈피하여 공급에 있어서 최적화를 이룰 수 있었다. 하지만 Sony 전자는 여기서 만족하지 않았다. 그들의 최종목표를 'Expand Total Network Orchestration(전반적인 네트워트상 확장 조직화)'으로 설정하고 CPFR을 통한 가시성 확보를 전반적인 SCM 네트워크로 확장시킬 계획을 가지고 있으며, 이를 위해 파트너십을 더욱더 개선해 나갈 것이라고 밝혔다.

참 | 고 | 문 | 헌

1) VICS(1999), Roadmap to CPFR : The Case Studies. Available from: http://www.vics.org.

2) Ibid.

3) Pfeifer, Christine, Julian Hensolt, Kathrin Wolfinger, Nancy Kornas and Steffen Erath(2008), "Investigation of Opportunities that Exist within The Automotive Supply Chain for Collaborative Planning, Forecasting and Replenishment", *VICS CPFR White Paper*.

4) 김완평, 김병호(2002), "프로세스 공유를 통한 협력적 전자상거래의 활성화에 관한 연구", 대한산업공학회/한국경영과학회 2002 춘계공동학술대회, pp.342-346.

5) 오두현(2005), "Global CPFR 프로세스의 성공적 구축에 영향을 미치는 요인에 관한 연구," 석사학위논문, 한양대학교 대학원, 서울, 대한민국.

6) Lewis, J. David and Weigert, Andrew(1985), "Trust as a Social Reality", *Social Forces*, Vol.63, No.4, pp.976-985.

7) 어윤대, 방호열, 김남영(1999), "제휴 파트너간 신뢰형성의 결정요인", 국제경영리뷰, 3(1), pp.39-66.

8) Simatupang, T.M. and Sridharan, R.(2005), "The Collaboration Index: A Measure for Supply Chain Collaboration", *International Journal of Physical Distribution & Logistics Management*, Vol.35, No.1, pp.44-62.

9) Barratt, M.A. and Oliveira, A.(2001), "Exploring the Experiences of Collaborative Planning Initiatives", *International Journal of Physical Distribution and*

Logistics Management, Vol.31, No.4, pp.266–289.

10) Wang, WenJie, Yufei Yuan, Norm Archer and Jian Guan(2005), "Critical Factors for CPFR Success in the Chinese Retail Industry", *Journal of International Commerce*, Vol.4, No.3, pp.23–39.

11) Andrews, J.(2008), "CPFR: Considering The Options, Advantages and Pitfalls", *Supply and Demand Executive*, April/May, pp.8–12.

12) 안성제(2005), "유통 채널상에서의 이익과 위험 공유계약", 경제경영저널, 20(1), pp.173–190.

13) Büyüközkan, G., Vardaloğlu, Z. and Feyzioğlu, O.(2009), "A Fuzzy Cognitive Map Approach for Modeling CPFR Supporting Factors", *Proceedings of the World Congress on Engineering*, Vol.1, No.1, pp.566–571.

14) Boddy, D., Cahill, C., Charles, M., Fraser Kraus, M. and Macbeth, D.(1998), "Success and Failure in Implementing Supply Chain Partnering: An Empirical Study", *European Journal of Purchasing and Supply Management*, Vol.2, No.2, pp.143–151.

15) Cao, Mei and Zhang, Qingyu(2011), "Supply Chain Collaboration: Impact on Collaborative Advantage and Firm Performance", *Journal of Operations Management*, Vol.29, No.3, pp.163–180.

16) Wang, WenJie, Yufei Yuan, Norm Archer and Jian Guan(2005), "Critical Factors for CPFR Success in the Chinese Retail Industry", *Journal of International Commerce*, Vol.4, No.3, pp.23–39.

17) Andrews, J.(2008), op. cit.

18) 오두현(2005), op. cit.

19) 최성열, 이진석, 문희철(2003), "SCM 파트너간 정보교환 영향요인과 전략적 성과에 대한 실증적 연구", 인터넷전자상거래연구, 3(2), pp.235-253.

20) 구자열(2000), "공급사슬관리(SCM)에 의한 물류혁신", 마케팅관리연구, 제5권, 제3호, pp.105-120.

21) Harry, M. and Schroeder, R.(2000), *Six Sigma: the Breakthrough Management Strategy Revolutionizing the World' Top Corporations.*, Currency Doubleday, New York, USA.

22) Londe, L. and Bernard, J.(1989), Partnership in providing customer service: A third-party perspective, The Council of Logistics Management, Illinois, USA.

23) 김정희, 이재은(2010), "제3자 물류에서 물류협력관계가 만족과 재무성과에 미치는 영향", 한국물류학회지, 20(3), pp.37-63.

24) Matthew, D. and Allen, J.(2010), "Case Study: Sony Electronics' Customer Focus and Chaner Collaboration Result in Wal-Mart Supplier of the Year Award", Gartner RAS Core Research Note.

25) 유효정(2010), "소니, CPFR 도입 적극 나서", ET뉴스.

Chapter 4

CPFR 도입유형과 사례

C P F R for G l o b a l S C M

Chapter 4
CPFR 도입유형과 사례

4-1 CPFR 도입유형

CPFR을 실제로 도입할 경우는 CPFR이 지향하는 협력관계의 유형에 따라서 CPFR 모델의 적용이 알맞게 조정될 필요가 있을 것이다. CPFR이 지향하는 협력관계의 유형은 다음과 같이 네 가지로 구분해 볼 수 있다.[1)]

표 4-1 ▮ CPFR이 지향하는 협력관계 유형

협력관계 유형	적용 가능 영역	대표적인 산업
소매점 이벤트 협력	프로모션이 활발하게 이뤄지는 유통경로 혹은 상품 카테고리	상시저가상품(EDLP) 산업을 제외한 모든 산업
유통센터 상품보충 협력	소매점 유통센터를 통한 유통부분	약품잡화 체인, 철물잡화, 식품
점포 상품보충 협력	점포직배송 혹은 소매점 유통센터의 점포 배달	대량판매점, 클럽형 판매점, 유럽형/점포직배송형 식품점
상품구색계획 협력	의류 및 계절성 상품	백화점, 전문품 소매점

1) 소매점 이벤트 협력

소매점에 영향을 미치는 많은 환경요인 중에서 프로모션을 비롯한 소매점 이벤트들은 수요변화에 큰 영향을 끼치게 되며, 결과적으로 상당부분의 품절이나 과잉재고, 예기치 못한 물류비용들의 발생에도 영향을 미치게 된다. 그 결과 프로모션이 활발하게 이뤄지는 유통경로에 위치한 소매업체들은 재무적인 수익기회가 극대화될 수 있는 소매점 이벤트에 초점을 맞추어 협업노력을 기울이고 있다.

CPFR의 '소매점 이벤트 협력' 유형에 따르면 참여하는 파트너들은 대개 연단위 혹은 분기단위로 프로모션을 위한 협업노력과 공동 사업계획을 개발하게 된다. 그 후 파트너들은 계획된 소매점의 이벤트가 미칠 영향을 고객 수요 관점과 유통 관점에서 분석하게 된다. 소매점의 이벤트가 발생하게 되면 프로모션에 따른 주문이 실행되고 배달이 이루어지게 되며 소매점에서는 이벤트가 시작된다. 이 과정에서 소매점 이벤트 계획이나 실행에 따른 예외사항이 규명되고 해결될 수도 있다. 마지막으로 소매점 이벤트의 성과를 평가하는 과정을 거친다.

2) 유통센터 상품보충 협력

'유통센터 상품보충 협력' 유형은 CMI와 VMI와 같은 지속적 보충 프로그램(CRP)을 강화하기 위한 CPFR의 유형을 말한다. 전통적 방식의 보충 프로그램은 짧은 리드타임 선상의 주문 요구사항을 계산하는 것이었고, 한 기업이 독립적으로 전체 보충 프로세스를 관리하였다. 이와 반대로 '유통센터 상품보충 협력'은 단일한 리드타임이 아닌 복수의 시간선상에서 공동의 주문협력 프로세스를 실행하는 것이다. '유통센터 상품보충 협력'은 소매점의 재고에 대한 책임과 품절 위험을 최소화하는 동시에 제조업체로 하여금 수요기반 제조방식을 실행할 수 있게 해주는 것이다. 기업 간 협업을 통해 유통센터의 상품 출고 예측을 하거나 제조업체로부터 소매업체의 유통센터로의 입고 예측, 또는 두 가지 모두를 실시하게 된다. 협업의 결과물로서 일정기간에 걸친 약정된 주문이 이뤄지게 된다. 구매자와 판매자는 주문 창출을 도와 관련된 구매, 생산, 공급계획 부서와 협력하게 된다.

유통센터 상품보충 협력은 구매자의 유통센터와 판매자의 완제품 창고를 넘어 원자재와 소매상점의 진열까지 공급사슬의 모든 부분에 걸쳐서 확장될 수 있다. 다음 네 가지 사항은 유통센터 상품보충 협력으로 인한 혜택을 나타내고 있다.

① 보충 정확성 개선을 위한 가시성 확보

② 품절률 감소

③ 과잉재고 감소

④ 고객 수요에 부합된 생산능력

또한 '유통센터 상품보충 협력'은 거래 기업 간 효율적인 생산흐름을 증대시키며, 특히 긴 공급사이클을 가진 제품, 무겁고 부피가 큰 제품, 규제가 까다로운 제품, 복잡한 운송을 요구하는 제품의 공급사슬에서 큰 효과를 발휘한다. 효율적인 생산흐름은 적재와 인출에 따른 운영비용을 최소화하는 최적주문수량의 결정도 가능하게 한다.

3) 점포 상품보충 협력

전통적 점포 보충 프로그램은 단일한 리드타임 기간 동안에 특정한 파트너에 의해 주도적으로 실행된다. 현재는 다수의 소매유통업체가 점포수준의 협업 활동을 통해서 점포의 상품 조달책임을 보다 많이 공유하고 있다. '점포 상품보충 협력'은 소매업체와 제조업체의 통찰력을 바탕으로 최적화된 보충계획을 도출하려는 것을 의미한다. 이를 위해서 대개 파트너들은 점포의 POS 수요예측을 위한 협력을 기울이고 있다. 그 밖에 보충에 영향을 끼치는 협력 활동들을 나타내면 다음과 같다.

① 점포 클러스터링

② 보충 파라미터

③ 프레젠테이션 재고

④ 상품구색 최적화

'점포 상품보충 협력'의 결과는 협업의 결과물로서 일정기간에 걸친 약정된 주문이 이뤄지게 된다. 구매자와 판매자는 주문 창출을 도와 관련된 구매, 생산, 공급계획 부서와 협력하게 된다.

점포 협력은 최종고객과의 밀접한 연계를 강조하게 되며 결과적으로 점포의 진열 가능성에 직접적인 영향을 끼치게 된다. 점포 상품보충 협력으로 인해 최종고객의 진열 상품 선택에 대한 가시성과 보충 정확성의 향상, 재고보유 개선, 과잉재고 감소, 프로모션 활동의 향상 효과를 얻을 수 있다. 파트너들은 최종고객이 새로운 상품이나 기존의 선반진열 방식, 그리고 프로모션에 따른 선택에 어떻게 반응하는지를 직접 관찰할 수 있다. 제조업체와 상류의 공급업체들은 공급사슬을 통해 이러한 정보를 활용하여 운영 활동의 개선을 도모할 수 있게 된다.

4) 상품구색계획 협력

패션 의류, 액세서리 등과 같은 산업의 수요는 계절의 특성에 따르고 있다. 따라서 이러한 시장 부문에서 협력적인 계획수립 활동은 단일 계절 기간을 사용하게 되며 계절 간격으로 실행이 이루어진다.

패션과 같은 제품수명주기가 짧은 상품은 과거의 짧은 단위의 자료에 기반하여 계획을 세우게 되며, 산업의 추세, 고객의 취향 및 거시경제의 상황 등에 대한 협력적 이해가 큰 역할을 하게 된다.

'상품구색계획 협력'은 소매업체와 공급업체가 상품기획 의사결정이 서로에게 최대의 이윤을 가지고 올 수 있도록 조정해 주는 역할을 한다. 파트너가 공동으로 상품구색계획을 세우고, 이 과정에서 상품과 재무적 모형이 가시적으로 나타날 수 있도록 해야 한다. 이러한 협업 프로세스의 결과로 소매업체의 각각 배달 지점에 UPC(Universal Product Code, 통일상품코드) 수준의 품목 예측을 포함하는 계획된 구매 주문이 이루어지게 된다. 계획된 구매 주문은 구매업체와 판매업체가 샘플을 확인하고 최종상품기획 의사결정이 이뤄지게 되는 시점, 즉 시장이나 쇼에 출시가 이루어지기 전에 전자적으로 공유된다.

4-2 소매점 이벤트 협력 사례

1) Henkel[2)3)]

Henkel은 독일에 본사가 위치한 화학회사이다. Henkel은 전반적인 공급사슬관리의 효용성을 높이고자 CPFR을 도입하게 되었다. Wal-Mart의 성공적인 사례를 접한 Henkel은 여러 협력사와의 효과적인 공급사슬관리를 한 단계 업그레이드시키고자 하였는데, 이로 인하여 2001년 처음 CPFR을 도입하게 되었다. 경영 컨설팅회사인 Accenture의 도움을 받아 스페인의 Condis 슈퍼마켓 체인, 그리고 스페인 소재 포장업체인 Suñer, Reverplas, Cartisa 등과 처음 CPFR을 실행하였다. 중점적으로 CPFR을 통해 관리를 하게 된 품목은 세탁용 세제와 실내용 세제들이었다.

포장업체들과는 판매 촉진에 따른 포장 수요계획을 공유하여 판

그림 4-1 ▮ Henkel 공장 전경

자료 : http://chemia-gospodarcza.net/kategorie-i-rodzaje

매 촉진에 차질이 없도록 준비하였고, 이를 위해 Henkel은 수요예측 프로세스를 공유하는 데 힘썼다. 슈퍼마켓 체인인 Condis와는 공동계획을 세우고 Condis와의 유통채널을 통한 지속적 보충계획을 실행하였다. 또한 판매 예측 및 품절 품목에 대한 분석도 협력적으로 실시하여 서비스 수준 향상에 큰 효과를 거두었다.

Henkel은 지속적으로 주단위 판매 촉진 품목을 CPFR 파트너들과 공동으로 예측하고 정보를 공유함으로써 효과적인 생산계획을 통해 비용의 감소 효과도 누리게 되었다. Condis와 Henkel의 공동 수요예측 프로세스에 대한 내용은 인터넷을 통해 모든 포장 협력사가 열람할 수 있었으며, 이로써 공급사슬상의 모든 파트너가 정보를 공유하면서 생산–포장–판매의 효율성을 크게 상승시킬 수 있었다. 특히 포장업체들은 Henkel에서 생산된 품목의 유통경로에 대한 추적과 정확한 생산량을 미리부터 알 수 있기 때문에 생산과 판매의 중간 지점에서 효과적으로 그들의 역할을 수행할 수 있었고, 이러한 결과 뒤에는 Henkel–Condis–포장업체 간 활발한 의사소통이 큰 역할을 하였다([그림 4–2] 참조).

정확한 수요예측을 통하여 생산계획의 수정이 기존보다 40% 감소하였으며, 품절률은 6%에서 2.5%로 하락하였고, 판매 예측의 정확성은 55%에서 75%로 상승하는 등의 큰 효과를 보았다. 판매 예측 정확성의 20% 상승은 비단 Henkel뿐만 아니라 Henkel이 원하던 전반적인 공급사슬의 효율성을 크게 증가시킨 결과이기도 하다.

Henkel이 CPFR 도입에 성공하면서 밝힌 CPFR의 주요 성과는 다음과 같다.

① 전반적인 공급사슬의 가시성 확보

그림 4-2 Henkel의 의사소통 프로세스

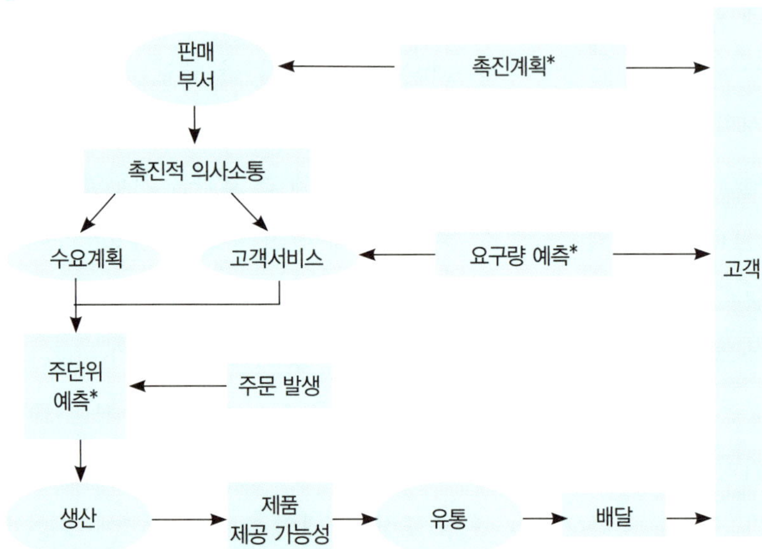

자료 : ECR Europe(2002), *European CPFR Insight*.

* 원 : 각 부서, 사각형 : 수행 과제, 화살표 : 상호작용
* 촉신계획 : 2개월 진에 확인된 촉진계획
* 요구량 예측 : 촉진의 예측은 한 달 내에 고객, 판매처, 공급업체가 공유
* 주단위 예측 : 수요계획 부서와 고객서비스 부서가 공동으로 주단위 예측 실시

② 예측 신뢰성 향상

③ 생산의 효율성 상승

또한 Henkel은 CPFR을 도입함에 있어서 주의사항을 강조하였다. 파트너들과의 관계를 증진시키면서 더불어 내부의 프로세스를 파트너들과 일치하게 통일된 방향으로 수정할 필요가 있고, 내부의 프로세스가 잘 갖춰져야 외부의 파트너들과도 잘 협력할 수 있으며, 이를 뒷받침할 수 있는 정보시스템을 도입하여야 한다는 것을 강조하였다.

그림 4-3 ▮ Henkel의 CPFR 프로세스

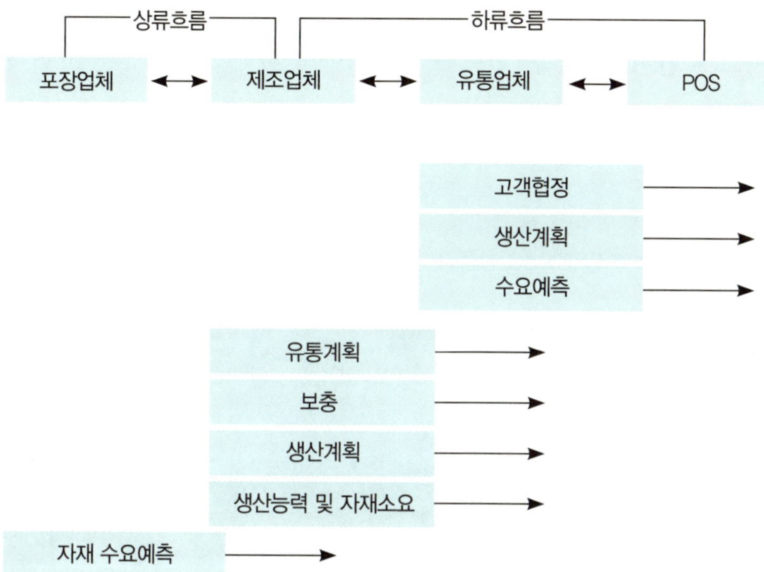

4-3 유통센터 상품보충 협력 사례

1) P&G(Procter & Gamble)[4)]

P&G는 세계적으로 140개 국가에 11만 명이 넘는 종업원을 가진 대기업이다. P&G의 주 사업 분야는 유아용품, 화장용품, 여성용품, 과자, 음료수, 건강용품 그리고 생활용품 등이다.

VICS에 의하면, CPFR 도입 전까지 P&G의 품절률은 8~10%에 달하고 있었다. P&G는 CPFR을 1998년 도입하였고, CRP의 주된 목표로 99%의 서비스 수준 달성, 그리고 고객업체 및 유통센터 재고를 50% 이상 감축하는 것으로 설정하였다.[5)] 고객수요에 의한 자료 교환을 바탕으로 CPFR을 확대시켜 나갔으며, 결과적으로 개선된 재고수준(50% 감소)과 품절률(1% 미만)의 결과를 이끌어 냈다. P&G에서 CPFR이 성공할 수 있었던 핵심적인 이유는 원활한 자료 교환이었다. 즉, 협력 고객업체와의 판매자료 공유는 고질적인 문제였던 서비스 수준을 끌어올리는 데 가장 큰 역할을 하였다.

그림 4-4 ▮ 다양한 P&G 상품군

자료 : http://www.industryleadersmagazine.com/pg%E2%80%99s-restructuring-strategy-includes-slashing-5700-jobs

2) Motorola[6]

Motorola는 모바일 기기 전문회사이다. 다른 모바일 기기 회사들처럼 Motorola도 고객세분화를 아주 잘 이해하고 있다. 세계적으로 120여 개에 달하는 다양한 모델 라인업을 갖추고 있는 Motorola의 경영과제는 수요예측능력을 바탕으로 모델별 생산공급능력을 효과적으로 운영하는 것이다. 모바일 기기 산업에 대한 자체 조사결과 품절 발생의 50% 원인이 보충과 수요예측 프로세

그림 4-5 ▮ 모토로라 브라질 공장

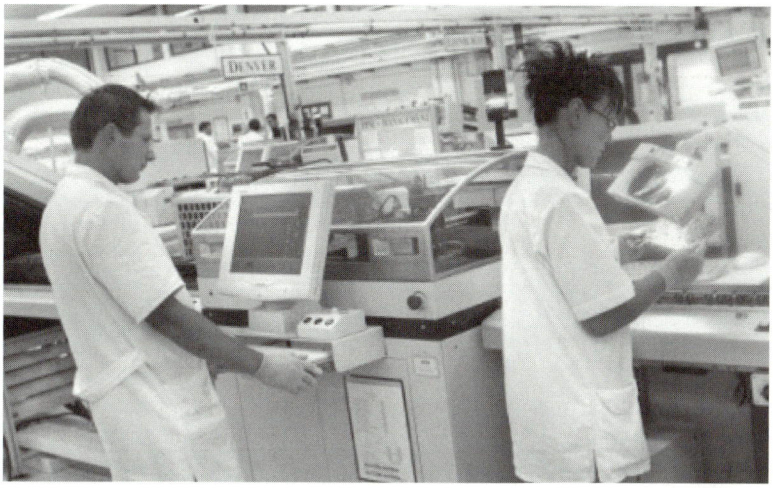

자료 : http://androidheadlines.com/2012/12/flextronics-takes-over-motorola-factories-in-china-and-brazil.html

스가 제대로 이루어지지 않아서였음을 발견한 Motorola는 CPFR 도입을 통해 수요예측의 정확성 향상과 적시 보충을 이룩하고자 하였다.

CPFR의 성공적인 도입을 위한 준비에 들어간 Motorola는 공급사슬상에 있는 파트너와의 공동의 전략을 수립하고 공동으로 CPFR을 추진해 나아갈 수 있는 발판을 마련하였다. 이 과정에서 협력사와 '수직적' 관계 대신 '상호 호혜적 관계'를 만들고 관련 공급자와 고객업체가 정보공유에 힘쓸 수 있도록 하였다. 이 과정에서 Motorola는 성공적으로 CPFR을 도입하고 CPFR의 효과를 보기 위해서는 조직의 구조 변화와 프로세스의 변화가 필수라는 점을 인식하고 공동의 목표를 향해 나아갈 수 있도록 다른 파트너를 이끄는 역할을 주도적으로 수행했다. 다음의 [표 4-2]는

Motorola의 조직적 변화를 보여주고 있다.

표 4-2 Motorola 조직 내의 역할 변화

역할	책임	역할
고객운영총괄	고객 로지스틱스 전략, 가치부가 유통서비스, 최종합의된 예측 수량, 재무적 추계일치화	신규
고객협력관리	주간 CPFR 세부사항, 예측, 보충, 재고 목표, 서비스 수준 협정 달성, 제품 출시 및 철회	신규
주문관리	일괄주문계획의 입력과 관리, 보충계획별 배송 관리, 배송 혹은 운송 결제 확대, 고객서비스	인원 축소
비즈니스 계획	고객을 대신하여 제품별로 통합 예측팀 구성	역할 제거
수요계획	지역별 수요계획 통합 위치	인원 축소
공급계획	지역별 공급계획 통합 위치	인원 축소
비즈니스 분석	보고, 평가, 데이터 완전성 유지, 특별 분석	역할 세서

이 과정에서 파트너 간 정보공유를 수행하기 위한 견고한 정보시스템을 구축하고 하나의 포맷으로 서로 정보를 공유할 수 있도록 하였다. 이로써 CPFR로 인한 파트너와의 관계 변화가 서서히 나타나기 시작하였는데, 이는 [그림 4-6]에 나타나 있다.

적극적인 CPFR 추진에 부응하듯 Motorola와 파트너에게 그 효과가 나타나기 시작하였는데, 즉각적으로 수요예측 정확성의 향상이 이뤄졌고 예측오류의 발생 확률이 큰 폭으로 감소하게 되었다. 유통센터의 재고가 감소되었으며(동종 업계의 평균 재고수준보다 30% 감소) 안전재고의 필요성 또한 기존보다 적어졌고 품절률이 대폭 줄어들게 되었다. 잦은 운송에 투입되던 비용의 절감 효과까

그림 4-6 ▮ CPFR에 의한 관계 변화

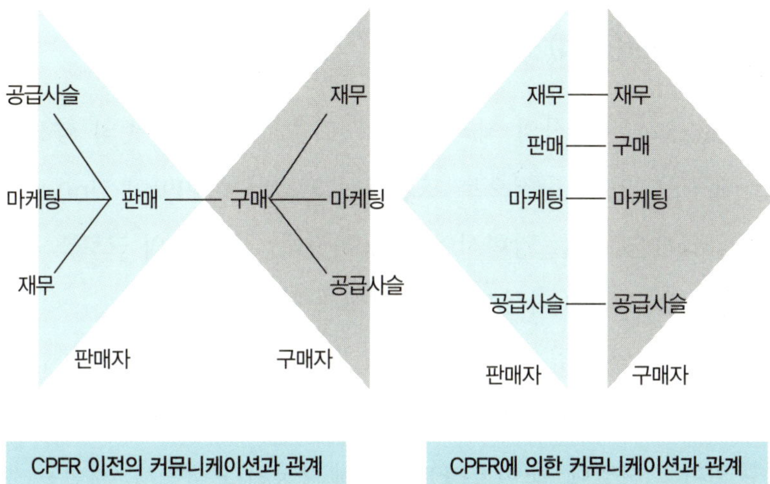

지 더해져 인상적인 실행 효과를 경험했으나 Motorola의 판매 증대는 즉각적으로 나타나지 않았는데, 이는 판매경로의 다변화 필요성으로 인식되었다. 하지만 새로운 제품의 출시와 동시에 판매경로의 다변화를 실행하여 판매 증대 또한 이룩하게 되었다.

CPFR을 도입하면서 Motorola가 학습하게 된 주요 발견사항은 다음과 같다.

① 협업문화를 기업의 근간으로 삼아야 한다.
② CPFR에 참여하는 파트너들이 모두 준비되어 있어야 한다.
③ 실시간 의사결정이 중요하다.
④ 의사소통과 프로세스가 CPFR의 성공을 좌우한다.
⑤ 공동의 목표와 측정을 실시해야 한다.
⑥ 협업은 관계를 만들어 가는 것에 달려 있다.
⑦ 조직의 역할(구조)을 바꾸어야 한다.

⑧ 통일된 시스템을 사용하여야 한다.

3) Unilever(국외)[7)8)]

Unilever는 자산의 최적화, 재고 감소, 서비스 수준의 향상을 위해 CPFR을 전략적으로 도입하게 되었다. CPFR이 Unilever의 공급사슬관리를 강화시켜 무재고 정책, 창고 간의 크로스도킹(cross-docking) 최적화를 이룩하고자 하였다.

Unilever의 물류 부사장인 Fred Berkheimer에 따르면 공급자와 고객 간의 협업을 통해서만 수요예측 정확성의 상승을 이룩할 수 있다고 하였다. 또한 CPFR을 통해 향상된 고객관계, 개선된 계획수립과 정시배달 성과는 보다 효과적인 판매 촉진을 가능하게 한다고 주장하였다. Unilever가 가진 세계적 수준의 공급사슬관리

그림 4-7 ▮ Unilever 터키 공장

자료 : http://www2.emersonprocess.com/en-UK/news/pr_UK/Pages/pr_micro_motion_unilever_eur.aspx

능력을 주요 성장전략 수단으로 강조하고 이런 점에서 CPFR이 중요한 역할을 하고 있음을 내비쳤다.

또한 Unilever의 'Best Practice Planning for Unilever Home and Personal Care' 책임자인 Raz Caciula는 CPFR의 의미를 수요예측 정확성에 초점을 맞추어 CPFR 실행을 위한 준비노력과 결과의 유효성을 강조하였다. Unilever는 날로 높아지는 물류의 복잡성을 극복하기 위한 수단으로서 CPFR 역량을 강조하였고 이 결과 무재고 정책을 시작할 수 있게 되었다. CPFR의 효과를 경험한 Unilever는 여러 고객들과 CPFR 관계를 넓혀 확대할 예정이다.

Unilever는 CPFR 도입에 있어서 내부의 프로세스가 협력적인 목표 달성을 위한 방향성을 갖도록 특히 노력했으며, 이 결과 전사적인 기능들이 수요예측에 기여할 수 있게 탈바꿈되었다. 물론 이를 위한 시스템과 기술의 도입을 적극적으로 시행하고 유지/관리에 힘쓰기도 하였다.

일련의 노력의 결과로 Unilever는 점차 CPFR의 효과를 경험하게 되었는데, 지속적으로 10%의 재고 감축과, 예측 정확성의 10% 상승, 적시 배달능력 상승으로 인한 총판매의 5% 상승효과를 보았다. Raz Caciula는 CPFR의 효과적인 실행을 위한 협업은 결코 쉽지 않으나 파트너와 같은 목표를 가지고 서로가 가지고 있는 역량을 최대로 발휘하여 CPFR을 성공으로 이끌어야 한다고 하였다. CPFR은 Unilever의 공급사슬관리의 핵심이며 높은 이익을 지속하기 위한 수단으로 자리 잡고 있다. Raz Caciula는 CPFR의 도입을 고려하고 있는 기업들에게 다음과 같은 조언을 강조하였다.

① 물류와 EPR 시스템에 CPFR을 통합하기 위한 적절한 계획을 세워라.

② 처음에는 파트너십이 강한 몇몇 업체와 시작하라.

③ 협업을 실시한 파트너를 선택할 때는 합리적인 방법으로 판단하라.

④ 공급사슬상의 여러 이해관계자와 지속적인 관계를 유지하도록 힘써라.

⑤ CPFR은 기업 내부의 재구성이 필요하며, 프로세스와 시스템의 변화가 불가피한 점을 잊지 마라.

4) Heineken[9)]

Heineken은 주류를 만들고 유통하는 회사로서, 국내에도 맥주 제품이 많은 인기를 끌고 있다. Heineken의 맥주는 네덜란드에서 만들어져 선적을 통해 미국에 보급되는데, 효율적인 운송과 유통

그림 4-8 ▮ Heineken 독일 공장 내부 생산라인

자료 : http://www.blnz.com/photos/2012/02/15/Bottles_beer_production_line_Heinekens_cdb1.html

시스템의 개선을 위해 CPFR을 도입하게 되었다.

Heineken은 CPFR을 표현함에 있어 '지구상에서 가장 새롭고 중요한 경영 시스템'이라고 소개한다. CPFR의 효과를 이해하는 것은 기업이 나아갈 길을 아는 것과 같다고도 하였다. CPFR은 정보통신기술의 발전과 컴퓨터의 대중화로 인해 전자적 자료 교환이 가능해지면서 재고관리에 있어서 매우 놀라운 경영성과를 창출하게 해주는 것이라 칭하며 CPFR을 위한 ERP의 사용을 적극 추천하고 있다. 그만큼 거래의 중심에 있는 파트너들의 ERP를 통한 정보교환을 중시하고 있다. 이러한 정보교환은 파트너들 사이의 관계를 강화시키고 기존의 거래방식을 탈피하는 일이다.

Heineken은 CPFR의 태동과 동시에 pilot 프로그램의 일환으로 CPFR을 도입하였으며 인터넷 정보통신기술을 바탕으로 한 협업을 지속적으로 실행하였다.

CPFR을 도입하기 이전에는 맥주 제품 주문에 대응하기 위한 프로세스가 개연성 없이 개별적으로 이루어졌다. 판매점과 유통관리자 간의 '협상'에 근거한 유통이 이루어졌고, 개별적인 프로세스로 인해 효율성이 없었으며 시장계획과 판매계획이 연계되지 않고 수립되고 있었다.

각종 자료의 수집은 FAX를 통해 이루어져 입력과 전송에 많은 시간이 소요되었으며 재고관리 또한 무계획적으로 이루어지고 있었다. 이러한 공급사슬관리의 결과로 생산에 있어서 불확실한 미래에 대처하지 못하였고, 기업 내에서도 효율적인 의사소통이 이루어지지 못하였으며, 긴 리드타임과 판매에 수반되는 막대한 서류작업이 뒤따르고 있었다.

그러나 CPFR을 도입함으로써 고객의 주문에 잘 대응할 수 있게 되었으며 효과적인 주문 예측을 통해 유연한 생산시스템 운영을 할 수 있게 되었다. 정보기술을 이용해 낭비요인으로 지적되던 서류작업을 간소화시키고 대신 이 자원을 정보를 수집하고 공유하는 데 사용할 수 있게 되었다. 고객과의 관계에 있어서도 서비스 수준의 상승으로 인해 파트너십을 넓힐 수 있는 기회가 마련되었다. 긴 리드타임과 부정확한 수요예측은 더 이상 찾아볼 수 없고, 비전 있는 기업으로 도약한 것이다. Heineken은 CPFR로 인해 찾아온 기업의 변화를 다음과 같이 기술하고 있다.

① 향상된 예측능력과 계획능력
② 주문계획의 통제 가능함(재고의 변동과 수요예측 오류에 대응 가능)
③ 향상된 재고관리
④ 리드타임의 감소
⑤ 긴급 조달의 획기적인 감소
⑥ 의사소통 중심 문화와 의사소통의 개선
⑦ 판매관점의 변화('창고에 무엇이 적재되느냐'로부터 '창고에서 무엇이 출고되느냐'로)
⑧ 리더십의 발전(물류와 성장에 있어서 여러 상을 수상)

5) Delhaize[10)]

Delhaize는 식품 유통에 있어서 세계적인 기업이다. 고품질의 제품과 혁신적인 유통시스템을 갖춘 것으로도 유명하다. Delhaize는 미국-유럽-아시아에 2,360여 개의 점포를 소유하고 있다. Delhaize는 Vandemoortele라는 기업과 처음 CPFR을

그림 4-9 ▮ Delhaize의 유통매장 전경

자료 : http://www.internationalsupermarketnews.com

시작하였는데, Vandemoortele는 벨기에에 위치한 식용유, 마가린, 튀김유, 마요네즈, 각종 소스 등을 생산하는 기업이다. VICS의 CPFR 9단계를 철저히 이행하여 도입을 시도하였으며 CPFR의 주된 목적은 판매와 주문 예측에 있어서의 협업이다. Delhaize와 Vandemoortele의 CPFR 프로세스는 다음의 [그림 4-10]과 같이 나타나고 있다. 이러한 주단위 협업을 위해 양 파트너 간에 협업 활동을 위한 사업계획이 매년 공동으로 수립되고 관리되었다.

CPFR 도입 후 판매 예측 정확성, 주문 예측 정확성, 서비스 수준, 재고 회전율을 측정해 본 결과 괄목할 만한 성과를 발견하였다. 서비스 수준은 세계 일류수준인 99% 이상을 기록하였고, 이로 인해 초기 몇몇 품목에 그쳤던 CPFR의 적용이 다른 제품으로 확

그림 4-10 ▮ Delhaize와 Vandemoortele의 CPFR 프로세스

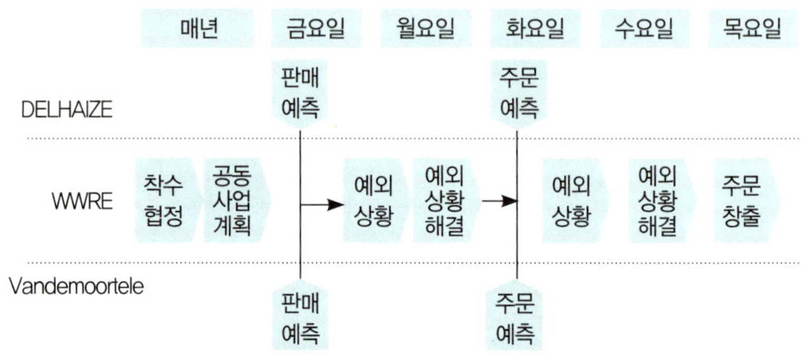

대되는 결과를 낳았다.

Delhaize와 Vandemoortele는 CPFR을 성공적으로 도입하기 위해 다음과 같은 사항을 강조하고 있다.

① 비즈니스의 이익을 최대화하기 위해서 CPFR을 단순히 예측 정확성 향상에만 사용할 것이 아니고 전반적인 흐름 모두를 CPFR에 맡겨야 한다(정보공유를 통한 수요예측 정확성 향상 뿐 아니라 VICS의 CPFR 도입 9단계를 준수할 것).

② 예측을 실행하고 뒷받침하기 위한 물류를 잘 갖추어야 한다.

③ 보충에 있어서, VMI를 잘 접목시켜서 사용하여야 한다.

4-4 점포 상품보충 협력 사례

1) Londis[11)]

Londis는 영국의 편의점 체인이다. Londis는 영국 내의 음료 판

매 시장에서 경쟁이 가열되고 있었고, 경쟁력을 향상하기 위해 제품의 공급과 보충을 향상시킬 수 있는 방법을 물색하던 중 CPFR을 도입하게 되었다. 도입결과, Londis의 재고가 평균 15% 정도 감소하였고 공급 정확도는 95.5%에서 98.5%로 증가하였다. 재고관리에 투자한 시간이 90% 이상 감소되어 이러한 시간을 활용한 다른 업무(마케팅 등)에 대한 투자가 늘어났다. 또한 Londis의 공급자들은 13.75%의 재고가 감소되었고, 매장의 재고정보를 쉽게 파악할 수 있어 고객업체의 품절률을 낮춰 서비스 수준을 끌어올렸다. 이러한 CPFR의 실행결과, 제품 품절률의 하락과 비용의 감소가 소비자에게 이어져 Londis와 그 협력업체의 경쟁력을 끌어올리는 결과를 가져오게 되었다.

그림 4-11 ▌ Londis의 배송차량

자료 : http://www.joinlondis.co.uk/range-and-deliveries.html

2) Nabisco[12]

Nabisco는 비스킷과 스낵을 생산하는 세계적인 고급 식료품 제조업체이다. Nabisco의 제품은 미국과 캐나다 등 85개국에서 판매 중이다. Nabisco는 자사의 글로벌 유통망과 판매점으로 하여금 CPFR을 도입하도록 하였다. CPFR을 도입한 후 자료를 분석해 본 결과, 공급사슬상에 혁신적인 개선 효과가 있는 것으로 나타났다. 즉, Nabisco 제품군의 판매량이 53%나 증대되었으며, 재고보충일이 평균 1일에서 2.5일로 증가하였다. 이것은 향상된 수요예측의 결과였다. 운영적인 면에서는 판매점에 대한 서비스 수준이 93%에서 97%로 향상되었으며, 전체적인 결과로 이윤이 15% 향상되었다. 이후 Nabisco는 CPFR이 적용되는 제품군을 식료품 분야로 확대하였다.[13] 식료품은 특성상 부패하기 쉽고, 제품의 유통기한이 짧으며, 이에 따라 물류비용이 많이 발생하게 되는 제품군인데, CPFR을 통한 보충횟수의 감소에 따른 물류비용 및 재고비용 감소로 이윤이 확대되는 결과를 얻을 수 있었다.

그림 4-12 ▮ Nabisco의 스낵 제품군

자료 : http://www.livingrichwithcoupons.com/2011/12/new-free-nabisco-crackers

3) 유한킴벌리[14)]

2000년에 미국의 다국적기업인 킴벌리 클라크사의 협력사인 유한킴벌리에 CPFR이 소개되었다. 2001년 4월 유한킴벌리를 포함한 제조 및 유통업체가 상호 협력하여 CPFR 프로젝트를 1년간 시범적으로 운영하였다. 여기에는 제조업체인 유한킴벌리, 오뚜기, 유니레버, CJ와 유통업체인 한국물류가 참여하였다.[15)]

그러나 이 시범사업은 참여기업 간의 정보 및 자료 제공 비협조, 표준화된 솔루션 설치 부재, 자사 내 시스템과 통합의 어려움, 예외적인 상황의 수시 발생 그리고 참여기업 간 데이터의 불일치 등으로 인해서 소기의 성과를 거두지 못하였다. 이는 조직적인 지원요소의 미흡과 정보공유의 어려움, 소비자 수요 패턴의 미파악

그림 4-13 ▮ 유한킴벌리 충주 공장

자료 : http://www.jtskorea.net/home/?c=customer/12&uid=45&PHPSESSID=0683c1c1e0cf844c4775ffac2deeab82

에 따른 예외적인 상황의 수시 발생으로 초래된 결과로 보인다.

4) Co-operative Group(구 CWS)[16)]

Co-operative Group은 여러 분야의 사업을 펼치는 협동조합이다. 1844년 영국 맨체스터 북부에서 시작하여 현재는 종업원 6만명이 넘는 대규모 협동조합이다. 식품, 금융, 농장, 장례업체까지 다양한 사업 활동을 실시하고 있다. 아울러 구매, 마케팅, 유통 등의 서비스도 조합 내에서 실시하고 있다.

Co-operative Group은 CPFR 실행을 위해 HP Bulmers, Nestle Rowntrees, Coca Cola, Premier International Foods, P&G, Pedigree Masterfoods, Nestle Beverages, Nestle Grocery, British Sugar 등의 대규모 공급자들과 협업을 실시하였다.

그림 4-14 ■ Co-operative Group 소매점

자료 : http://ccaincancun.wordpress.com/tag/the-co-operative-group/

Co-operative Group이 지향하는 CPFR의 모토는 'Day-to-Day Collaboration'으로서, 매일의 협업이라고 할 수 있다. 실제로 Co-operative Group은 이른 아침부터 Co-operative Group의 공급자들과 의사소통의 시간을 할애하였다. 아침회의에서 주문 및 판매 촉진 상황, 예측오류에 대한 분석을 실시하고 수요예측의 정확성을 갖추기 위해 노력하였다. 또한 1년에 세 번씩 모든 공급자와 Co-operative Group이 직접 만나 회의를 통해 현 CPFR 상황과 성과, 공동의 목표에 관한 회의를 실시하기도 하였다. 일련의 회의를 통해 합의된 목표, 측정기준과 보고, 기업 간 규칙과 책임범위 등을 도출해 냈고 CPFR을 위한 S/W 설치, 훈련, 자료 통합 등을 실시하였다. Co-operative Group의 주도하에 대규모 CPFR의 도입이 실시된 것이다.

Co-operative Group과 CPFR에 참여한 기업들은 대부분 우수한 공급사슬관리 성과를 가진 기업들이었고 세계적 수준의 제조업체들이었다. 유수의 업체들도 Co-operative Group과 CPFR에 참여함으로써 기존의 뛰어난 공급사슬관리 성과를 한층 업그레이드시킬 수 있었는데, 참여기업들은 뚜렷한 재고감소와 예측의 정확성을 갖추게 되었다. CPFR을 통해 괄목할 만한 성과를 거두고 있는 Co-operative Group은 CPFR이 공급사슬관리의 혁신을 통해서 지속적인 경쟁우위를 Co-operative Group에 가져다줄 것이라고 믿어 의심치 않고 있다.

5) Wal-Mart[17)]

그림 4-15 ▮ Wal-Mart 매장 전경

자료 : http://occupyforaccountability.org/index.php?q=node/1080

1995년에 CPFR을 도입한 Wal-Mart는 CPFR을 초기에 도입한 회사 중 하나이다. CPFR 덕분에 Wal-Mart는 공급업체와 CPFR을 실시하는 각 품목마다 단기 수요예측을 할 수 있게 되었다. 이 결과로 Wal-Mart와 공급자들은 상당한 재고비용을 감축할 수 있었다. 특히 그중 완구업체 Mattel과 신뢰에 기초한 CPFR에 대해 Mattel의 CIO인 Joseph Ecroth Jr.는 "개별 품목의 수요를 파악하고 그에 따라서 신속하고 적절하게 생산의 확장이나 감축을 결정하려면 그 품목의 판매 데이터가 더없이 중요하다. 무엇이 어디에서 가장 잘 팔리는지 알아내어 그것에 맞게 생산을 조절하려면, 일별 시간대별 판매 자료가 필요하다. Mattel과 Wal-Mart가 이룩한 신뢰기반의 정보공유가 다른 판매점과의 사이에도 이룩된다면, 그 효율성이 극대화될 것이다"라고 하였다.

6) 풀무원과 LG유통(현 GS리테일)[18)]

풀무원과 LG유통(현 GS리테일)의 CPFR은 엄격히 말하면 EDI와 협업의 융합된 형태로서, 그 전체적인 내용은 CPFR에 가깝지만 SCM상에서 수평적인 관계 구축과 웹기반의 시스템 통합은 이루어지지 않은 초보단계의 CPFR이었다. 1997년 하반기에 풀무원과 LG유통이 공동으로 EDI를 도입하였고, 이들은 재고 부족 감소, 주문 최적화, 적절한 재고관리 그리고 효율적 판매를 위한 공동 목표를 가지고 협업을 실시하였다. 1997년부터 2003년까지 6년간의 협업의 결과로 LG유통은 연간 주문 및 관리비용 3억 2,400

그림 4-16 ▮ 풀무원 충북 음성 두부공장

자료 : http://news.donga.com/3//20030501/7940080/1

만 원 절감, 재고관리 및 주문 예측 70% 증가, 재고 부족현상의 8% 감소, 판매 25% 증가 등의 성과를 거두게 되었다.

7) West Marine[19)20)]

West Marine은 해양용품(남/녀 의상, 내비게이션, 무전기, 시계, 보드 등)을 판매하는 업체로서 국내에 잘 알려지지는 않았지만 성공적인 CPFR을 수행한 기업이다. 2000년에 West Marine의 경영진이 공급사슬 측면의 문제를 지각하고, 2001년 처음 CPFR을 도입하였고, 2004년에는 200개의 공급업체와 CPFR을 실시하였다. 2005년 West Marine은 85%의 예측정확도, 80%의 정시배송, 96%의 성수기 배송률을 달성하였다.

처음 CPFR을 도입할 때에는 West Marine의 공급사슬 문제점

그림 4-17 ▮ West Marine 소매점 전경

자료 : http://usedboatyard.wordpress.com/2011/12/14/28000-raised-by-west-marine-for-fort-lauderdale-charities/

을 타계하기 위해 CPFR을 실시하였던 것이 CPFR의 성과로 말미암아 체계적인 교육과 IT 시스템에 대한 높은 투자로 이어지게 되었다. 많은 파트너들과 CPFR을 실시해 온 West Marine은 혁신적인 공급사슬관리에 있어서 위대한 기업 중에 하나가 되었다.

CPFR이 기업 간 협업을 중요시하는 가운데, West Marine은 기업 간 협업뿐만 아니라 기업 내부에서 부서 간의 협업을 강조하였다. West Marine은 '매우 강력한' CPFR 도입을 위해 다음과 같은 10가지 사항을 강조하고 있다.

① 장기적인 계획을 세우고, 성급함을 배제하고, 총체적인 해결책을 찾아라.

② 상충되는 목표와 방법을 조정하라.

③ 진행하는 비즈니스에 직접적인 관련이 없는 '전문가'에게 의존하지 말고 전체적인 해결책을 찾아라.

④ 협력적 문제 해결과 부서 간 경계를 뛰어넘는 포용적인 자세를 갖춰라.

⑤ 문제를 정의하고 원인을 파악하고 그 해결책을 만들 수 있도록 CPFR, 6시그마 등의 방법론을 사용하라.

⑥ 지속적 개선을 기업의 문화로 삼아라.

⑦ 전통적 조직보다 핵심 프로세스에 중점을 두고 명확한 책임과 권한을 부여하라.

⑧ 실행, 의사소통, 예외관리, 원인 분석을 위한 기술을 사용하라.

⑨ 의사결정에 있어서 사이클타임을 줄여라.

⑩ 신속히 실행하라.

그림 4-18 ▮ CPFR을 접목시킨 West Marine의 공급사슬계획 기술

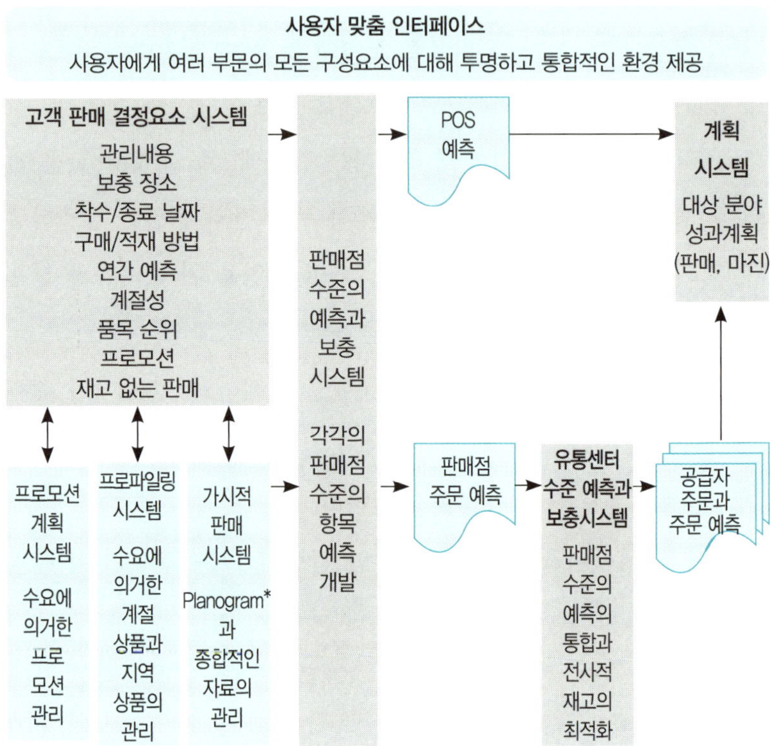

* Planogram : 상품 전시를 위한 컴퓨터 기반의 예측 프로그램

8) Rexon[21)]

Rexon은 1972년에 설립된 대만의 제조회사이다. 간단한 공작기인 스테이션 머신을 주로 생산하고, Fitness 제품과 간단한 공작기계도 생산하는 업체이다. 세계 70개국 이상에 목재가공 기계를 수출하고 있다. 납품 대상은 주로 Sears, Roebuck & Co., Lowes, B&Q, CDT 등이다. Sears로부터 세 번의 PIP(Partner In Progress)와 2002년에는 '올해의 공급자'상을 받은 적도 있다. 아

그림 4-19 ▮ Rexon의 목재가공 제품

자료 : http://www.westbourne-model.co.uk/acatalog/copy_of_General-Modeling-Tools.html

시아권 기업에서는 매우 빠른 시기에 CPFR을 도입하였으며, 성공적인 도입 사례로 평가받고 있다. CPFR을 실행하기 위해 '신뢰'에 기반하여 북미권 기업들과의 관계를 형성하였으며, 그 신뢰 구축을 위한 일환으로 품질의 변동성을 낮추는 데 많은 노력을 쏟아부었다. 고객의 기대에 부응하기 위한 예외관리 또한 철저히 실시하였다.

다음의 [그림 4-20]은 Rexson의 CPFR 활동을 흐름별로 나타내고 있다.

Rexson은 공급사슬관리의 환경변화에 대비하여 협업과 파트너십의 중요성을 인식하고, 이에 대응하기 위해 신속하게 CPFR을 도입함으로써 북미권 시장점유율을 높일 수 있었다. 또한 파트너기업들과 신뢰관계를 구축하여 미래의 수익에 대한 불확실성을 줄일 수 있었다. Rexson은 고객과의 협업이야말로 성장전략의 핵심이라는 모토를 토대로 고객을 위한 솔루션 지원과 협업을 적극적으로 지원하고 있다.

그림 4-20 ▮ Rexson의 CPFR 활동

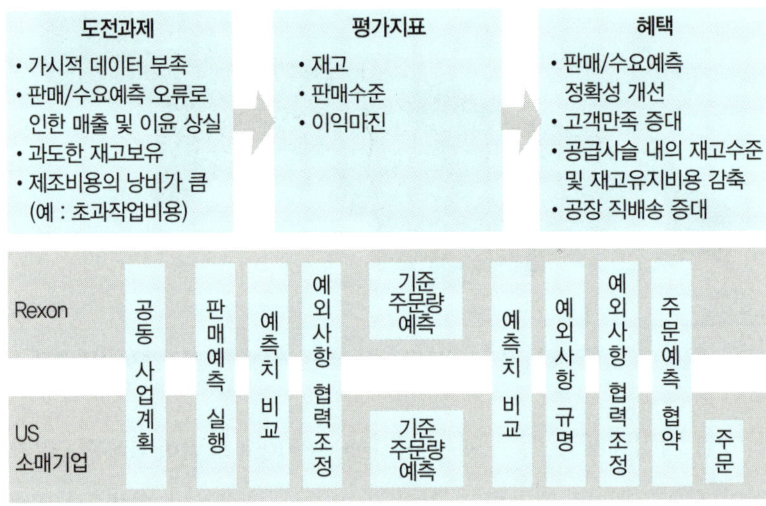

9) Sofamor Danek[22]

Sofamor Danek은 미국 테네시주의 멤피스에 위치한 세계수준의 의료기기 회사이다. Sofamor Danek의 제품과 서비스는 세계 120개국의 250만 이상의 고객들이 사용하고 있다. Sofamor Danek은 정확히 VICS의 CPFR을 도입하지는 않았지만, I2 컨설팅회사의 공급사슬관리 솔루션 중에 하나인 I2 수요계획 소프트웨어를 사용하여 공급사슬상에서 최적화된 협업을 통해 수요예측 정확성을 높인 기업이다. I2 수요계획 소프트웨어는 '강력한 계획과 예측 도구로서 고객의 욕구를 기업의 가치사슬에 적용시키고 최적화된 협업과 자료수집 기능을 바탕으로 웹기반 예측시스템을 갖추

그림 4-21 ▮ Sofamor Danek의 골격 접합 제품

자료 : http://www.schmidtandclark.com/medtronic-sofamor-danek-scd-horizon-agile-dynamic-stabilization-device〉

어 통계적 기술을 이용해 기업을 발전시키는' 도구라고 I2에서는 설명하고 있다.

Sofamor Danek의 제품은 수술을 집도하는 의사들에 의해 사용되고 수요에 즉각 반응하여 보충을 실시하지 않으면 사람의 목숨이 위태로워질 수도 있기 때문에 Sofamor Danek에서는 무엇보다도 정확한 수요예측이 강조되고 있다.

Sofamor Danek의 수요예측의 정확성은 고객과의 협업을 통해서 이루어질 수 있었다. 직접적인 사용자인 고객이 제공하는 제품 수요 정보를 Sofamor Danek과 공유함으로써 수요예측 정확성을 높일 수 있었다. 이번 사례연구의 특이점은 바로 판매점의 POS 데이터가 아닌 구입 고객으로부터의 정보공유이다. CPFR의 전반적인 내용을 Sofamor Danek이 시행하지는 않았지만 이는 상당

부분 CPFR과 흡사한 성격을 띠고 있다고 할 수 있다. 더불어 이러한 노력의 일환으로 예측에 걸리는 시간을 주단위에서 분단위로 감축할 수 있었고 예측 정확성 또한 10~15% 상승하는 결과를 가져왔다.

4-5 상품구색계획 협력 사례

1) Working House[23)]

그림 4-22 ▮ Working House 소매점 전경

자료 : http://www.mtretourskincare.com/0-news/ladybug.html

Working House는 대만의 생활용품 판매업체로서 좋은 디자인

과 기능성을 가진 다양한 생활용품을 낮은 가격에 판매하는 것을 모토로 하고 있다. CPFR을 도입하게 된 주된 이유는 계절상품의 수요예측을 위함이었는데, 다음의 [그림 4-23]은 계절상품 수요 예측에 대한 프로세스를 보여주고 있다.

그림 4-23 ▮ Working House의 계절상품 수요예측 프로세스

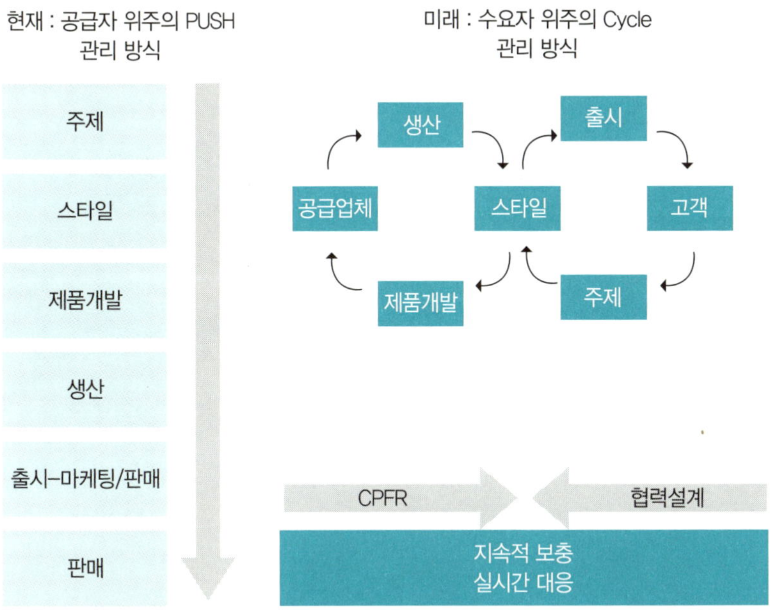

그림에서 보는 바와 같이 계절상품의 수요예측을 현재의 push 방식에서 cycle 관리로 발전시키는 방향을 모색하고 있다. Working House의 CPFR 특징 중에 하나는 상품의 기획/개발 쪽인 디자인 분야에도 협업을 실시하고 있다는 점이다. 다른 기업의 경우에는 자사제품의 기능과 디자인 등 제조분야 기획은 공급자가 주도하는 경우가 대부분인데 Working House는 고객과의 협업적

인 시스템을 구축한 것이다. Working House는 CPFR의 효용으로 다음과 같은 사항을 꼽았다.

① 디자인 능력 개선

② 의사소통 능력 개선

③ 재고 감소

④ 재고비용 감소

⑤ 현금흐름의 건전함

⑥ 적시 배달

⑦ QR(Quick Response) 달성

⑧ 판매예측 정확성

⑨ 수익성 개선

참 | 고 | 문 | 헌

1) VICS(2004), CPFR: An Overview, Available from: http://www.vics.org.

2) Pramatari, K., Papakiriakopoulos, D., Poulymenakou, A. and Doukidis, G.I.(2002), "New forms of CPFR: Daily Collaboration at Store Level", *ECR Journal*, Vol.2, No.2.

3) ECR Europe(2002), European CPFR Insight, Available from: http://www.ecr.no/data/f/0/70/62/4_2401_0/2002_cpfr_european_insights.pdf.

4) VICS(1999), Roadmap to CPFR: The Case Studies, Available from: http://www.vics.org.

5) Ibid.

6) Cederlund, J.P. et al.(2007), "How Motorola Put CPFR into Action", *Supply Chain Management Review*, Vol.11, No.7, pp.28-35.

7) Tim Cooper-Jones(2004), Unilever's NPI initiative, Published at M-a-p.co.uk, IEE(www.iee.org/OnComms/PN/controlauto/Unilever.pdf) and Rfidjournal.com.

8) ECR Europe(2002), op. cit.

9) Thomas, Andrew J. and White, Andrew G.(1998), *Collaborative Commerce Over the Internet: CPFR In Action Or The End of ERP as we Know it!*, Logility, Inc.

10) ECR Europe(2002), op. cit.

11) Seifert, Dirk(2003), *Collaborative Planning, Forecasting and Replenishment*, Amacom, New York, USA.

12) Olorunniwo, Festus O. and Xiaoming Li(2010), "Information

Sharing and Collaboration Practices in Reverse Logistics", *An International Journal of Supply Chain Management*, Vol.15, No.6, pp.454-462.

13) Ibid.

14) 오두현(2005), "Global CPFR 프로세스의 성공적 구축에 영향을 미치는 요인에 관한 연구", 석사학위논문, 한양대학교 대학원, 서울, 대한민국.

15) Ibid.

16) ECR Europe(2002), op. cit.

17) Foote, P.S. and Krishnamurthi, M.(2001), "Forecasting Using Data Warehousing Model: Wal-Mart's Experience", *The Journal of Business Forecasting Methods & Systems*, Vol.20, No.3, pp.13-17.

18) 김헌덕(2003), "풀무원과 LG유통의 협업 사례 발표", 제6차 ECR 아시아 컨퍼런스, pp.217-233.

19) Retail Systems Alert Group Inc(2004), Wal-Mart, Gillette, West Marine, 3M, and Manugistics Honored at VICS Award Ceremony.

20) Hau Lee and Lyn Denand(2005), West Marine: Driving Growth Through Shipshape Supply Chain Management, Stanford University Graduate School of Business case study GS-34.

21) Hseush, Wenwey(2004), The Power of CPFR-Collaborative Model for Strategic Business Planning, eBizprise Inc.

22) I2 Supply Chain Management(2002), I2 Success Story #148, www.I2.com.

23) Hseush, Wenwey(2004), op. cit.

Chapter 5

국내기업의 CPFR 실행수준 및 사례분석

CPFR for Global SCM

Chapter 5

국내기업의 CPFR 실행수준 및 사례분석

CPFR이 국내기업에 본격적으로 도입되어 실행되기 시작한 것은 비교적 최근의 일이다. 국내기업의 CPFR 도입실태와 성과 및 도입장애요인을 실제적으로 살펴보는 것은 성공적인 CPFR의 도입을 위한 구체적인 단서를 제공해 줄 수 있을 것이다. 다음에서는 CPFR을 실제로 운영하고 있는 국내기업들을 대상으로 조사한 설문조사 자료와 사례조사 자료를 바탕으로 국내기업의 CPFR 도입실태를 살펴보기로 한다. 설문조사 자료는 CPFR을 실행하고 있는 125개 SBU(전략사업단위)를 대상으로 한 것이고, 사례조사는 3개의 대형 기업을 대상으로 한 것이다. 사례조사의 내용은 사례기업의 실제 명칭을 사용하지 않고 가칭을 사용하여 기술하였다.

5-1 국내기업의 CPFR 실행수준

국내에서 CPFR을 실행하고 있는 기업을 대상으로 하여 제2장과 3장에서 제시된 CPFR의 도입수준, 활동요인, 프로세스 역량 및 성과에 대한 특성을 설문조사를 통하여 측정해 보았다. 현재 CPFR을 도입해서 실행하고 있는 기업들의 일반적인 특성을 분석해 봄으로써 성공적인 CPFR의 실행을 위해 필요한 노력의 방향이 무엇인지를 규명하려는 것에 조사의 초점을 맞추었다.

1) 분석대상 기업의 특성

국내기업의 CPFR 실행 특성을 조사하기 위한 설문조사는 국내 25개 기업이 운영하고 있는 SBU(전략사업단위)를 대상으로 실시하였다. 설문조사는 2011년 11월 1일부터 2012년 1월 5일까지 사이에 사전에 응답의향을 확인한 응답자를 대상으로 e-mail 방식으로 진행되었다. 전체 130개 조사대상 SBU 중에서 125개 SBU의 응답을 회수하였다.

다음의 [표 5-1]은 조사에 참여한 125개 SBU의 주요 특성을 요약해서 보여주고 있다. 업종별로는 전체 63.2%인 79개 SBU가 제조업에 종사하고 있고, 35.2%인 44개 SBU는 유통업에 종사하고 있다. 사업 분야는 전체 51.2%인 64개 SBU가 전기/전자 분야에 종사하고 있고, 36.0%인 45개 SBU가 기계/금속 분야에 종사하고 있었으며 4.8%인 6개 SBU가 화학 분야에 종사하고 있고, 0.8%인 1개 SBU가 기타 분야에 종사하는 것으로 나타났다.

설문에 참여한 응답자의 직급은 28.0%인 35명이 사원급이었고, 60.0%인 75명이 대리급이었으며, 9.6%인 12명이 과장급, 2.4%인 3명이 부장급 사원이었다. CPFR의 추진 기간은 1년 미만이 4.0%인 5개 SBU였고, 1년 이상~2년 미만인 SBU가 28.0%인 35개였으며, 2년 이상~3년 미만인 SBU가 39.2%인 49개로 나타났고, 3년 이상~5년 미만인 SBU가 28.8%인 36개로 나타났다.

기업의 규모에서는 소규모 기업이 5.6%인 7개 SBU였고, 중규모 기업이 52.0%인 65개 SBU였으며, 대규모 기업이 42.4%인 53개 SBU였다. CPFR을 시행하는 협력업체 수는 5개 이하가 7.2%인 9개 SBU, 6~7개에서는 11.2%인 14개 SBU, 8~9개에서는 11.2%인 14개 SBU, 10~11개에서는 26.4%인 33개 SBU, 12~13개에서는 8.0%인 10개 SBU, 14~15개에서는 36.0%인 45개 SBU였다.

표 5-1 ▮ 조사대상 SBU의 일반적 특성

변수	항목	빈도수	백분율(%)
업종	유통	44	35.2
	제조	79	63.2
사업 분야	전기/전자	64	51.2
	기계/금속	45	36.0
	화학	6	4.8
	기타	1	0.8
응답자의 직급	사원급	35	28.0
	대리급	75	60.0
	과장급	12	9.6
	부장급	3	2.4
추진 기간	1년 미만	5	4.0
	1년 이상~2년 미만	35	28.0
	2년 이상~3년 미만	49	39.2
	3년 이상~5년 미만	36	28.8
기업 규모	소규모	7	5.6
	중규모	65	52.0
	대규모	53	42.4
협력업체 수	5개 이하	9	7.2
	6~7개	14	11.2
	8~9개	14	11.2
	10~11개	33	26.4
	12~13개	10	8.0
	14~15개	45	36.0

2) CPFR 도입단계별 실행수준

CPFR 도입단계별 실행수준은 앞서 [표 3-2]에서 그 내용을 다룬 바 있다.

설문조사에서 각 단계에 대한 내용의 달성수준을 질문하였으며 1부터 7까지의 수준 중에서 1은 '전혀 달성하지 못하였다', 4는 '보통이다', 7은 '완벽하게 달성하였다'를 나타낸다. 즉 1과 7 사이의 숫자 중에 높은 숫자일수록 해당 단계의 달성수준이 높다고 할 수 있다.

[그림 5-1]에 나타난 1단계부터 9단계까지의 평균 실행수준은 4.86이었으며, 이는 '달성한 편이다'(5점)와 가장 근사치를 가진다. 그림에서 보면 가장 기본적인 계획단계(단계 1, 2)의 실행수준이 가장 낮음을 볼 수 있다. CPFR의 효과적인 실행을 위해 공적인 협업체계를 구축하고 공동의 사업목표를 개발하는 등의 기반적

그림 5-1 ▮ CPFR 도입단계별 실행수준

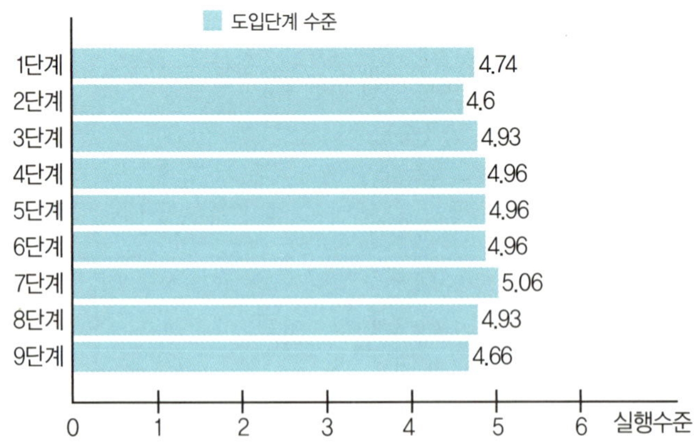

* 1='전혀 달성하지 못하였다', 4='보통이다', 7='완벽하게 달성하였다'

인 활동노력이 상대적으로 미흡한 수준에 있음을 나타낸다. 비교적 예측단계에 속하는 활동들의 실행수준이 높은 편이나, 그 수준도 5.0(달성한 편이다)에 근접한 정도에 머무르고 있다. 발주를 나타내는 9단계의 실행수준도 매우 낮은 수준을 보이고 있어서 우리나라의 CPFR 실행은 계획과 발주 활동보다는 비교적 예측 활동에 치우치는 특성을 보여주고 있다.

3) CPFR 성공을 위한 활동요인의 실행수준

CPFR 성공을 위한 활동요인은 모두 8개로서 파트너십, 정보공유, 시스템 통합, IT 기술 활용, 이익과 위험의 공유, 종업원 교육, 최고경영진의 의지, 물류업체와의 협력관계이다. 설문조사에서 각 CPFR 활동요인의 실행수준을 질문하였으며, 예를 들어 '최고경영자는 CPFR 추진에 대한 적극적인 의지가 있다'라는 질문에 1부터

그림 5-2 ▮ CPFR 성공을 위한 활동요인의 실행수준

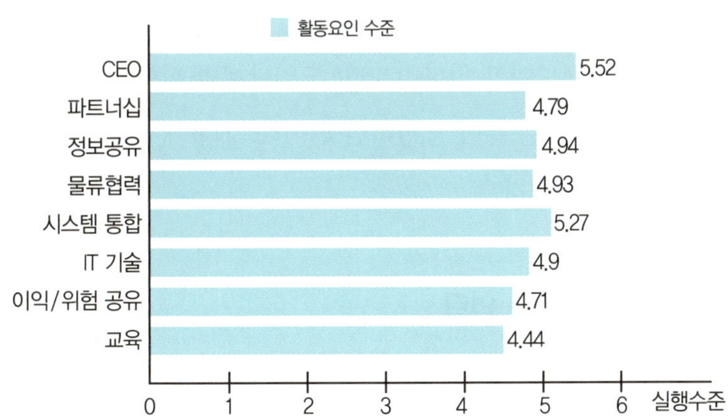

* 1='전혀 그렇지 않다', 4='보통이다', 7='매우 그렇다'

7까지의 수준 중에서 1은 '전혀 그렇지 않다', 4는 '보통이다', 7은 '매우 그렇다'라고 답변하게 하였다. 즉 1과 7 사이의 숫자 중에 높은 숫자일수록 해당 활동요인의 실행수준이 높다고 할 수 있다.

[그림 5-2]는 CPFR 성공을 위한 활동요인의 실행수준 평균을 나타내고 있다. 결과에 따르면, 최고경영진의 참여가 실행수준 5.52로서 가장 높게 나타났다. 이는 CPFR 도입 기업에서 최고경영진이 가장 적극적인 자세를 취하고 도입을 위해 노력하고 있다는 것을 보여주며, CPFR의 필요성을 잘 인식하고 있다는 점을 보여준다. 또한 시스템 통합 같은 경우 평균 5.27로서 그 다음으로 높은 수치를 보여주었는데, 기업 간 CPFR 실행을 위해서 시스템 통합 활동이 이루어져야 한다는 점에서 볼 때 시스템 통합 활동이 잘 시행되고 있으며 이를 통해 CPFR 효율성을 높이고자 하는 노력을 파악할 수 있다. 반면에 CPFR 실행을 위해 필요한 종업원 교육노력 활동은 가장 낮은 수준(4.44)을 보이고 있어서 이에 대한 적극적인 개선이 필요할 것으로 생각된다.

전반적인 CPFR 성공을 위한 활동요인의 실행수준의 평균은 4.93이었다. 이는 활동요인 실행수준이 '그런 편이다'(5점)에 매우 근사한 수치를 보이고 있다. CPFR 도입단계별 실행수준과 마찬가지로 대체로 실행수준이 긍정적인 편이나 보다 개선된 실행노력이 필요함을 알 수 있다.

4) CPFR 프로세스 역량

CPFR은 단순히 협업과 IT 기술을 활용한 물류보충 시스템이 아니며 기업은 CPFR의 최종적 목표인 공급사슬의 최적화를 위해

CPFR의 모든 프로세스를 이해하고 역량을 증대시킬 필요가 있고, 공급사슬 최적화를 위하여 CPFR 프로세스의 역량을 최고수준으로 만들어야 한다. CPFR의 프로세스는 협업 프로세스, 통합된 계획 및 예측 프로세스, 보충 프로세스로 구성되어 있으며, 국내기업에서 이러한 프로세스 역량을 얼마나 잘 갖추고 있는지 설문조사를 통해 측정하여 보았다.

설문조사에서 각 CPFR 프로세스 역량의 수준을 질문하였으며, 예를 들어 '단기적인 수요발생신호를 조정하기 위해서 가시적으로 소비자 수요예측 자료, 창고 인출 자료 및 POS 자료가 활용되고 있다'라는 질문에 1부터 7까지의 수준 중에서 1은 '전혀 그렇지 않다', 4는 '보통이다', 7은 '매우 그렇다'라고 답변하였다. 즉 1과 7 사이의 숫자 중에 높은 숫자일수록 해당 프로세스 수준이 높다고 할 수 있다.

그림 5-3 ▌ CPFR 프로세스 역량수준

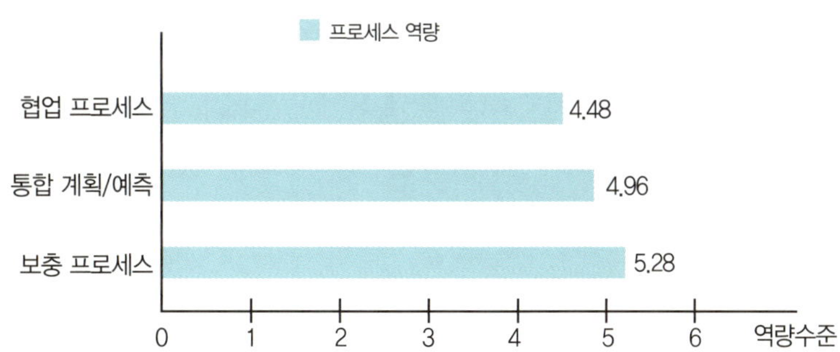

* 1='전혀 그렇지 않다', 4='보통이다', 7='매우 그렇다'

[그림 5-3]에서 나타난 바와 같이 협업 프로세스는 4.48, 통합된 계획 및 예측 프로세스는 4.96, 보충 프로세스는 5.28의 결과

를 나타냈다. 이 중 보충 프로세스는 평균 5.28로서 가장 높은 결과를 보여주었는데, 이는 배달, 인수, 자동주문, 보충 등의 프로세스에 있어서 국내기업의 역량이 다른 프로세스 역량에 비해 높다는 것을 나타낸다.

반면 협업 프로세스에 있어서는 가장 낮은 역량(4.48)을 지니고 있는 것으로 나타났다. 공동으로 사업계획을 개발하고, 프로모션과 신제품 도입을 위해 협력하며, 결과 평가를 시행하는 면에서 CPFR의 프로세스 역량이 미흡한 실정에 있는 것으로 나타났다. 전반적인 CPFR 프로세스 역량은 4.90로서 다른 CPFR 특성과 마찬가지로 전반적으로 긍정적인 수준을 보이고 있으나, 지속적인 개선이 필요한 것으로 나타났다.

5) CPFR 성과

마지막으로 CPFR 도입으로 인한 성과를 설문조사를 통해 측정하여 보았다. CPFR 도입으로 인한 성과는 앞서 제2장에서 살펴본 바와 같이 크게 고객지향성과와 운영지향성과로 나누어서 구분할 수 있는데, 그 간략한 내용은 다음과 같다.

① **고객지향성과** : 고객지향성과는 대표적으로 매출증대, 시장점유율 증대, 제품 판매기회 향상, 시장 및 고객에 대한 유연한 대응, 그리고 파트너십 향상 등의 성과를 포함한다.

② **운영지향성과** : 운영지향성과는 주로 재고수준 감소, 수요예측능력 증가, 서비스 납기의 적시성/유연성 확보, 생산성 향상, 사이클타임 감소, 그리고 원활한 정보흐름으로 나타나는 성과를 의미한다.

설문조사에서 각 CPFR 성과의 수준을 질문하였으며, 예를 들어 'CPFR로 인하여 회사의 수익률(매출액)이 상승하였다'라는 질문에 1부터 7까지의 수준 중에서 1은 '전혀 그렇지 않다', 4는 '보통이다', 7은 '매우 그렇다'라고 답변하였다. 즉 1과 7 사이의 숫자 중에 높은 숫자일수록 해당 CPFR 성과수준이 높다고 할 수 있다.

그림 5-4 ▮ CPFR 도입으로 인한 고객지향성과 수준

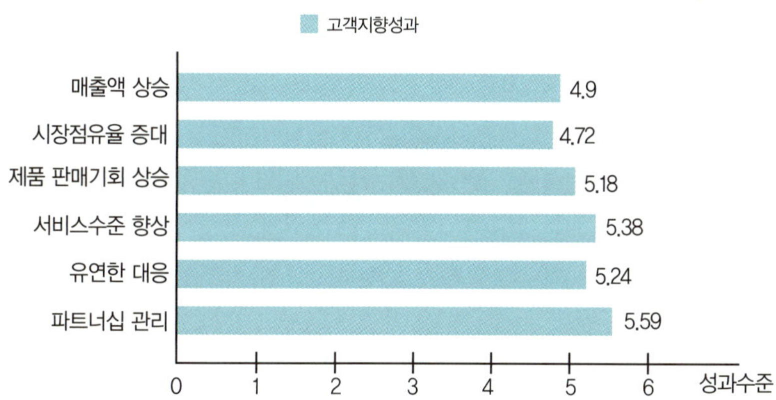

* 1='전혀 그렇지 않다', 4='보통이다', 7='매우 그렇다'

[그림 5-4]는 CPFR 도입으로 인한 고객지향성과의 항목별 평균을 나타내고 있다. 고객지향성과 중에서는 파트너십 관리가 5.59로서 가장 높은 수준을 나타내고 있음을 볼 수 있다. 이는 CPFR로 인하여 고객업체와의 파트너십이 원활히 관리되고 있음을 나타내는데, 이러한 파트너십 관리성과는 높아진 관계친밀도와 파트너십으로 전략적인 협업을 이끌어 낼 수 있으며 신뢰할 수 있는 파트너십을 구축할 수 있는 효과를 가져오게 될 것이다. 또한 서비스 수준의 향상도 높은 성과수준(5.38)을 보였다. 이는 CPFR

을 통해 향상된 고객수요 충족능력을 갖추게 되었음을 나타내는 것이다. 반면에 시장점유율 증대(4.72)나 매출액 상승(4.9) 등의 재무적 성과 측면에서는 상대적으로 낮은 수준을 보였다. 이는 국내기업의 CPFR 실행의 수준이 완전한 협업을 통한 수요예측, 보충 및 발주로 이어지는 단계적 과정이 다소 미흡한 수준에 있기 때문인 것으로 판단된다. 전반적인 고객지향성과의 평균적인 수준은 5.16으로 나타났다.

그림 5-5 ▮ CPFR 도입으로 인한 운영지향성과 수준

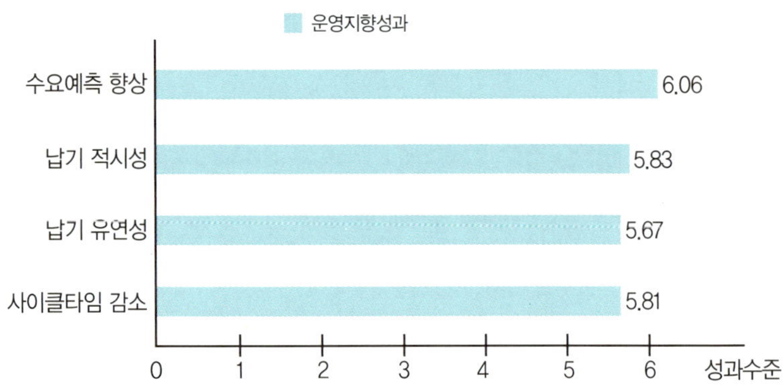

* 1='전혀 그렇지 않다', 4='보통이다', 7='매우 그렇다'

[그림 5-5]는 CPFR 도입으로 인한 운영지향성과의 항목별 평균 수준을 나타내고 있다. 수요예측 향상이 6.06으로서 가장 높은 성과를 보여주고 있다. 수요예측의 정확성을 갖추는 것은 기업이 미래의 불확실성에 효과적으로 대처할 수 있는 능력을 가지게 해준다. 이러한 수요예측 향상은 CPFR이 지향하는 가장 기본적인 성과 측면이기도 하다. 반면에 고객주문 변화에 탄력적으로 대응하는 납기 유연성 성과는 상대적으로 가장 낮은(5.67) 수준을 보

였다. 수요예측 향상, 납기 적시성, 납기 유연성, 사이클타임 감소 등 운영과 관련된 성과들은 평균 5.84로서 고객지향성과보다는 상대적으로 높은 달성수준을 보여주고 있다.

5-2 한국양판(가칭) 사례

1) 기업 소개

한국양판은 1990년대에 설립된 국내의 가정용 전자제품 판매 및 유통업체이다. 국내 전자제품 유통시장의 상당부분을 차지하고 있으며 330여 개의 판매점을 구축한 대형 유통업체라고 할 수 있다.

한국양판은 CPFR을 위해 필요한 기반 역량을 비교적 잘 갖추고 있는 기업이다. 본 사례는 한국양판이 가진 CPFR 실행요인의 구체적인 실행실태를 살펴보는 것에 초점을 맞추어 살펴보았다.

2) CPFR 실행요인의 특성

한국양판의 CPFR 실행요인의 개별적인 실행수준은 앞서 살펴본 15개 조사대상 SBU의 평균적인 수준에 비해서 비교적 높은 수준을 보여주고 있다. 그림에서 보면 비교적 동일한 수준을 보이는 IT 기술을 제외한 7개 실행요인에 있어서 평균적인 수준에 비해 높은 수준을 보여주고 있는 것이다. 특히 정보공유, 이익/위험 공유, 파트너십의 측면에서 평균적인 CPFR 실행 SBU에 비해서 매우 높은 실행수준을 보여주고 있다. 파트너 기업과의 긴밀한 협업

그림 5-6 ▮ 한국양판의 CPFR 성공을 위한 활동요인 실행수준

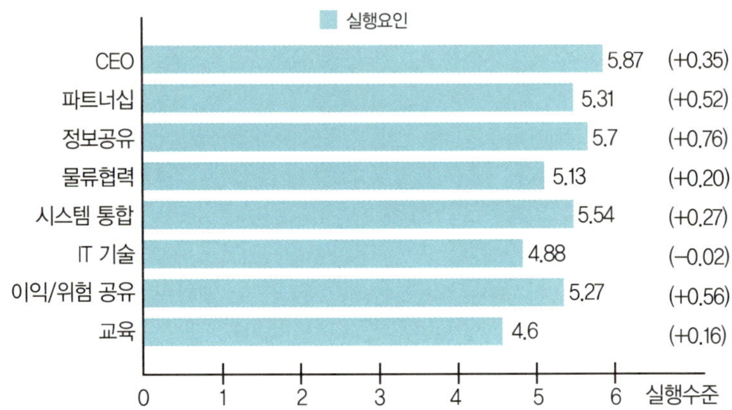

* 1='전혀 그렇지 않다', 4='보통이다', 7='매우 그렇다'
* ( ) 안의 숫자는 125개 SBU의 평균과의 차이(+ : 높은 수준, − : 낮은 수준)

과 공동이익 추구를 위한 노력이 잘 이루어지고 있음을 나타낸다.

한국양판의 주요 실행 측면의 특성을 중심으로 살펴보기로 한다. 한국양판의 사례연구는 경기도 이천 소재의 유통센터 물류 담당자와 경기 수원 소재의 영업점 판매 담당자를 통한 인터뷰와 현장 조사를 통하여 진행되었다.

한국양판의 주요 CPFR 공급업체는 T전자와 M전자이다. 특히 TV, PC, 세탁기, 냉장고 등의 가전제품을 주요 CPFR 대상 품목으로 지정하고 있다. 그 이유는 상기 제품들은 다른 제품(헤어드라이어, 휴대폰 등)에 비해 제품의 부피가 크고, 따라서 다른 제품보다 많은 재고비용을 발생시킬 수 있기 때문이다. 재고관리의 효율을 위해서는 한국양판 전체의 POS 데이터뿐만 아니라 영업점 단위의 POS 데이터의 공유가 매우 중요한데, 한국양판은 2011년부터 M전자와 영업점 단위의 POS 데이터 공유를, T전자와는 아

직까지 전체 단위의 POS 데이터 공유를 실시하고 있었다. 이러한 POS 데이터 공유를 토대로 공급업체와 활발한 협력을 실시함으로써 재고비용 및 물류혁신을 추구하고 있다.

다음에서는 8개의 CPFR 실행요인을 중심으로 한국양판의 사례를 살펴보기로 한다.

① **최고경영진의 의지** : 한국양판은 물류유통 및 판매업체이다. 이는 기업의 SCM 능력이 기업의 경쟁능력을 결정하는 핵심요인임을 뜻한다. '물류혁신', 'SCM 최적화'에 대한 최고경영진의 의지는 확고히 직원들에게 전달되고 있었으며, 한국양판의 최고경영진 외에도 주요 공급업체인 T전자와 M전자의 최고경영진 또한 국내 유통의 최적화를 위해 CPFR 시행을 추진하고 싶어 하였고, 이로 인해 톱-다운 방식의 CPFR 추진이 신속하고 정교하게 이루어지게 되었다. 협력업체들의 최고경영진의 의지로 인하여 도입단계에서부터 장기적인 관계를 고려한 정보전달 시스템과 물류협력도 광범위하게 논의되었고 직원의 적극적인 참여가 뒷받침되어서 성공적인 도입의 발판이 되었다.

② **파트너십** : 1999년 한국양판의 설립 이후 T전자와 M전자는 지속적인 주요 공급업체였으며 거래 기간이나 양적 측면에서 상당한 파트너십을 유지하고 있다. 2005년 POS 데이터를 다루는 시스템을 도입하고 바로 다음 해에 T전자와 CPFR 추진계획을 설립하고, 2007년부터 POS 데이터를 공유하는 체제를 이루었다. 오랜 거래와 상대 기업의 신뢰를 통한 CPFR 구축이라고 볼 수 있으며, M전자 또한 2007년부터 한국양판과 CPFR을 실행해 왔다. 무엇보다 한국양판의 파트너십의 특징

은 공급업체가 한국양판의 지분이 없음에도 불구하고 상호 협력의 수준이 매우 높다는 것이다. 한국양판은 T전자와 M전자뿐만 아니라 다른 여러 중소기업들도 공급업체로 관계를 가지는 다양한 공급자 기반을 두고 있는데, 한국양판은 특정 공급업체에 치우치지 않으면서도 상호 협력을 잘 관리하고 있다. 이는 한국양판이 국내 유수의 유통 및 판매점이라는 점, 적극적인 물류혁신을 지향하는 점 등으로 인한 것으로 해석될 수 있다.

③ **정보공유** : 공급업체와의 정보공유는 매우 활발히 이루어지고 있다. 이미 M전자와는 판매점 단위의 POS 데이터 공유가 이루어지고 있다. 무엇보다도 정확한 정보의 제공을 기반으로 하여 3일에 한 번 온라인 회의, 1주에 한 번 오프라인 회의를 진행하고 있다. 또 공급업체의 공급 가능 수량에 대한 정보도 한국양판에 정확하게 전달됨에 따라 판매계획 수립에서 발생할 수 있는 오차를 극소화시키고 있다.

④ **물류협력관계** : 전국 11곳의 물류센터에 대한 입고는 공급업체인 T전자가 주도하고 있으며 고객에 대한 배달은 한국양판이 주도하고 있다. 한국양판 관계자는 물류센터의 재고를 줄이려면 한국양판과 T전자의 물류가 매우 긴밀한 협력관계에 도달해야 한다고 생각하며 실제로 전산, 회의, 다양한 채널의 의사소통을 통해 긴밀한 협력관계를 구축하고 있다. 재고수준이 도입 시점인 5년 전에 비해서 1/5 수준으로 낮아졌고, 이는 통합된 전산망을 통해 양사가 상품의 움직임을 공동으로 관리한 성과이다. 물류의 협력관계는 입고의 적시성에 따라 좌우되며, 한국양판의 경우 T전자 쪽에서 배송 실패

가 감지되면 한국양판의 비상 배송차량을 파견해 T전자의 배송 실패를 미연에 방지하고 있다.

⑤ **시스템 통합** : 한국양판이 영업점의 POS 데이터를 공유함에 따라 공급업체에서부터 한국양판의 판매점까지의 정보전달 표준화를 이룩하였으며, 이에 따라 내부 IT도 통합되어 있다. 공급업체별로 IT 시스템의 차이가 있어서 전 공급업체 간에 통합적인 운용을 하지 않고 있지만 한국양판 시스템에 판매 제품의 식별번호를 입력하면 내부 IT 시스템이 자동적으로 공급업체의 전달방식에 맞춰 데이터를 분류, 전송함으로써 이를 극복하고 있다.

⑥ **IT 시스템 활용** : IT 시스템은 POS 데이터 활용을 계획하는 단계에서부터 한국양판의 공급업체와의 정보공유를 고려하여 시행하였기 때문에 도입 후 운영관리비용을 제외한 추가적인 투자는 이루어지지 않았다.

⑦ **이익과 위험의 공유** : 이익과 위험을 공유하는 것은 공동의 노력에서 비롯된다고 할 수 있다. 그런데 양사가 자기업/모기업의 형태로 연결되지 않는 이상 100% 이익과 위험을 공유하기는 힘들고, 다만 서로 양해를 해주는 관계라고 보는 것이 옳다. 긴급 재고가 필요할 때 한국양판의 위험을 방지하기 위해 T전자가 추가 생산을 통해 재고를 보충해 주는 등의 '이익'을 추구하기 위한 위험방지는 일어나고 있지만 '이익'을 배제한 위험방지는 양사가 구체적으로 실시하고 있는 바가 없다.

⑧ **교육** : 대체로 현장 근로자들은 CPFR에 대한 개념을 알지 못한다. 관리자급 사원수준에서는 수요예측이나 전산망 공

유를 위한 협업체계의 중요성을 인지하고 있으나, 각 사원이 맡은 업무가 총괄적인 성격이 아닌 이상 CPFR에 대한 특별한 교육은 받고 있지 않다. 전산망 관리자에게 물류, 보충, 재고수준 관찰을 교육할 필요성을 느끼고 있지 않으며, CPFR이 한국양판의 시스템의 일환으로 운영되고 있기 때문에 많은 교육이 필요하지 않은 것으로 실무자는 인식하고 있다. 물론 도입시기에는 CPFR에 대한 교육이 이루어졌지만 시간이 경과할수록 그 필요성의 인식은 낮아지고 있다.

3) 기타 CPFR 특이사항

① **상품** : 모든 상품에 CPFR이 적용되고 있지는 않다. CPFR을 전혀 구축하지 않은 공급업체도 존재한다. 앞서 밝힌 것처럼 TV, PC, 세탁기, 냉장고 등의 가전제품에서 CPFR을 실행하고 있다. 이 외의 POS 데이터는 공유하지 않는다.

② **실행요인, 성과, 프로세스 역량** : 한국양판의 경우 실행요인, 성과, 프로세스 역량 대부분에서 높은 평균을 보이고 있다. 실무자는 모든 CPFR의 성공과 성과는 최고경영진의 확고하고 진취적인 도입의지에 따른 것이라고 판단하였다. 또한 도입에서부터 대기업인 T전자, M전자와 추진하였다는 점이 적극적인 실행을 유도한 주요 요인이었다는 것이 실무자의 의견이다.

③ **정보공유** : M전자는 아주 확실한 정보를 원한다. 예측하지 못한 수요의 증가도 용납하기 힘들다는 입장이다. 공급업체의 강력한 요청에 의해 판매점 단위의 POS 데이터 공유가 이

루어지고 있다. 영업점의 입장에서는 영업 실적에 대한 감시를 본사뿐만 아니라 공급업체에게까지 받는다는 느낌과 기업 기밀이라고도 할 수 있는 판매 데이터를 공유하는 것은 분명 부정적인 느낌을 가질 수 있으나 실행의 성과에 대해서는 확신을 가지고 있다. 본사의 영업부서, 물류부서 및 공급업체와의 수요예측이 가능해짐으로써 기존처럼 재고를 타 영업점에서 빌려와야 하는 현상도 1/10로 줄었다고 한다.

5-3 오토전장(가칭) 사례

1) 기업 소개

오토전장은 국내 우수중소기업 중 하나로서, 자본금 60억 원으로 1970년대 중반에 창립되었다. 2011년에 1,300억 원의 매출을 올렸으며 사원수는 400여 명으로서 자동차부품 국산화에 기여하고 있는 대표적인 기업 중 하나이다. 품질과 기술 부분에서는 국내외에서 세계적인 수준의 기업으로 인정받고 있다. 국내외에 소재하는 다수의 자회사 법인을 가지고 있으며 국내 자동차사 및 해외 폭스바겐, GM, 크라이슬러, 그리고 푸조 등의 주요 완성 자동차 업체의 1차 공급자로서 역할을 수행하고 있다.

오토 전장의 주요 CPFR 고객업체는 G사와 M사로서 국내외 기업의 CPFR 도입 상황을 알아보기에 적합한 업체라고 볼 수 있다. 사례연구는 G사 영업담당자, M사 영업담당자, 고객업체 물류담당자, 2차 공급업체 물류담당자, 연구소 연구원을 통한 인터뷰와 현장 실사를 통하여 진행되었다. 실증 분석에 사용되었던 설문지를 토대로 하여 질의응답 과정을 거친 뒤 각각의 요인, 프로세스에 대한 현장 상황을 파악하기 위해서 노력하였다.

2) CPFR 실행요인의 특성

그림 5-7 ▮ 오토전장의 CPFR 성공을 위한 활동요인의 실행수준

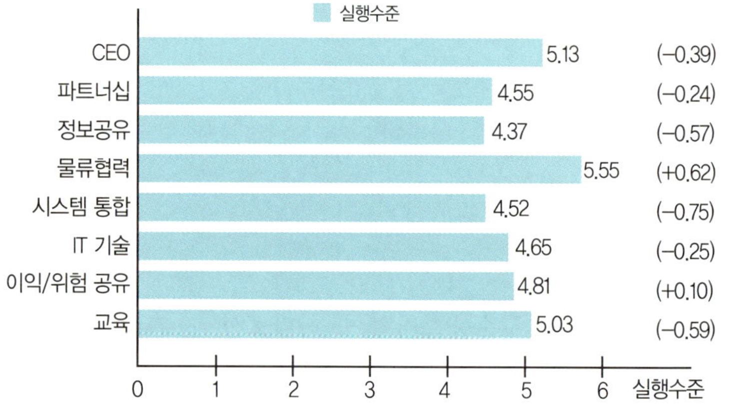

* 1='전혀 그렇지 않다', 4='보통이다', 7='매우 그렇다'
* ( ) 안의 숫자는 125개 SBU의 평균과의 차이(+ : 높은 수준, – : 낮은 수준)

오토전장의 CPFR 실행요인의 개별적인 실행수준은 앞서 살펴본 15개 조사대상 SBU의 평균적인 수준에 비해서 비교적 낮은 수준을 보여주고 있다. 그림에서 보면 물류협력과 이익/위험 공유 및 교육을 제외한 나머지 5개 실행요인에 있어서 평균적인 수준에 비해 낮은 수준을 보여주고 있다. 특히 정보공유, 시스템 통합 및 IT 기술 등의 기반적인 정보시스템 통합 및 공유와 관련한 CPFR 실행노력이 비교적 미흡한 특성을 보여주고 있다. 반면에 물류 협

력과 교육 및 이익/위험 공유 등의 실행노력은 비교적 잘 이루어지고 있는 것으로 보인다.

사례연구를 통해 규명된 오토전장의 CPFR 실행적인 측면의 특성을 살펴보면 다음과 같다.

① **정보공유** : 고객업체와의 인상적인 정보공유는 활발히 일어나고 있고, 계획된 목표, 일일 생산량, 주간 생산량, 월간 생산량, 연간 생산량 계획에 대한 정보공유와 품질, 원자재 지원, 과거 실적에 대한 정보공유 또한 활발히 일어나고 있다. 또한 판매 예측, 시장 분석, 신제품 출시 계획, 프로모션 계획, 판매 지역(국내외) 등 다양한 정보에 대한 일괄적인 정보공유를 실시하고 있다. 그러나 정보공유 측면에서 오토전장이 가진 가장 커다란 문제는 파업과 같이 고객기업에서 예외적인 상황이 발생할 경우 정보공유가 긴밀하게 유지되지 못한다는 것이다. 오토전장의 경우에 재고수준, 수요예측능력, 서비스 납기의 적시성, 유연성, 생산성에 있어서 고객업체의 파업사태나 갑작스런 고객업체 내부 상황에 대비하기 위한 납품 충족을 위하여 재고를 일정 부분 준비하고 있다. 그러나 파업이 발생하면 CPFR의 기능은 정지된다. 계획된 납기가 공급업체가 아닌 고객업체에 의해 거부되는 현상이 발생하기 때문에 납품을 위해 생산된 부품이 재고로 남게 된다. 또한 파업사태가 끝난 뒤에는 목표 생산량에 맞춘 추가 공급 수요가 발생하게 된다. 이는 다시 재고의 소진과 더불어 CPFR로 인한 수요예측 및 보충계획에 대한 고려 없이 일시적으로 생산량을 증가시키게 된다. 실무자에 의하면 재고수준에 대한 관리 노력에도 불구하고 파업사태라는 특수성으

로 인하여 정확한 측정은 힘들지만, '파업이 2년에 한 번만 발생하여도 CPFR로 인해 감소된 재고수준이 다시 증가하게 된다'고 한다. 파업 외에 고객업체 노조 활동에 따른 내부 투표, 분쟁도 고객업체의 생산라인을 멈추게 만드는 예외 상황이 된다. 이때도 파업과 마찬가지로 납품을 거부당하게 된다. 고객업체에서 납품을 받을 인력이 없을 뿐더러 납품을 받는다 하여도 그에 대한 고객업체의 재고비용은 고객업체가 부담하지 않는다. 더 큰 문제점은 파업이나 갑작스러운 고객업체 내부 상황에 대해 미리 통보를 받는다 하여도 2차, 3차, 4차 공급자를 연계시켜서 신속히 대처하기가 힘들다는 것이다. 이러한 정보공유와 연계의 문제점은 CPFR의 성과, 특히 운영지향성과에 매우 부정적인 영향을 미치고 있다.

② **시스템 통합과 IT 기술 활용 문제** : 오토전장의 정보전달의 방식 및 자료는 고객업체의 시스템과 방침을 따르고 있으며 IT 연결문제 때문에 고객업체별로 별도의 시스템 운영방식을 사용하고 있다. 반면에 오토전장과 그 계열사 간의 IT는 통합 ERP 사용, 정보전달방식 표준화를 이룩하여 내부적인 시스템의 통합은 잘 구축되어 있다. 그러나 고객과의 시스템 통합은 오토전장의 주요 고객인 G사와 M사 간의 IT 시스템의 차이로 인하여 통합 운영이 이루어지기 어려운 상황에 있다. 따라서 기업 간 IT를 통한 교류는 해당 고객업체의 IT 시스템에 원격으로 접속하여 이루어지고 있다. 오토전장 내부에 CPFR을 위한 솔루션은 구축되어 있지 않으며 IT 시스템에 대한 지원과 투자는 고객업체에 의존하는 특징을 가지고 있다.

③ **파트너십과 교육** : 오토전장은 설립해인 1973년부터 G사, 1975년부터 M사의 공급자로서, 2012년인 현재까지 28~30년을 함께해 왔다. 이로 인해 각각의 고객업체와의 신뢰수준은 매우 높은 편이다. 오토전장은 기술개발, 생산능력, 물류 등 전반적인 광범위한 분야에 걸쳐 고객업체와 상호 협력 및 지원에 대한 협약을 맺고 있다. 아울러 고객업체의 판매계획에 따른 오토전장의 생산능력 확장이나 신차종 개발 시 기술개발에 같이 참여하고 그 비용을 고객업체에서 부담하는 등 오랜 파트너십에 따른 협력적 지원을 고객업체로부터 받고 있다. 고객업체와의 교육 훈련 및 연수 프로그램을 실시하고 있다. 생산능력에 대한 지원을 실시하고 있으며, 판매 지원의 경우에는 경쟁업체 중에서도 일정 차종에 대하여 오토전장에 할당함으로써 오토전장의 판매량에 대한 보증을 실시하고 있다.

목표는 주로 고객업체의 연간 목표에 따라 결정되며 비전 같은 경우에는 고객업체와 완전히 공유되는 비전과 사내의 비전이 따로 제시되어 있다. 1990년대 말 이후부터 최종고객에 의한 자동차 소비수명주기가 감소하였고 이에 맞춰 발빠른 수요에 대한 대처능력을 향상시키기 위하여 길게는 3일, 짧게는 일일 단위의 정기회의를 실시하고 있는데, M사 같은 경우에는 가까운 회사 간 거리로 인하여 수시로 회의가 가능하고 G사 같은 경우에는 상주 인력을 고객업체에 배치함으로써 빠른 의사소통이 가능하도록 하고 있다.

정기회의의 내용에는 정보공유 요인에서 계획의 연동 및 주기적인 계획관리에 대한 내용이 다뤄지고 있으며 그 외에도 원가절감, 품질 향상에 대한 내용을 정기회의를 통해 서로 협의하고 공통된 목표를 세워 실현해 나가려 노력하고 있다.

④ **물류협력관계** : 정확한 수요예측과 보충계획을 세운다 하여도 물류협력 없이는 적시 납기를 실현할 수 없다는 사실을 잘 인지하고 물류계획에서부터 전략에 이르기까지 협력관계를 유지하고 있다. M사의 경우 주 생산 지점에 구성된 산업 클러스터에 위치함으로써 물류에 대한 신뢰성을 높이고 있으며 G사 같은 경우 물류계획을 보충계획의 일환으로 삼아 관리하고 있다.

5-4 한국너클(가칭) 사례

1) 기업 소개

한국너클은 볼트/너트 등 기계요소 품목 공급을 전문으로 하는 업체로서 유럽에 본사를 두고 있는 외국계 기업이다. 전 세계적으로 약 1,600명의 종업원을 두고 있으며 한국 지사에는 50명의 종업원이 종사하고 있다. 기계조립 요소류 분야에서 180여 년의 역사를 가진 모기업에서 2000년도에 한국기업과 합작으로 설립한 한국너클의 주요 생산 품목으로는 화스너(볼트, 너트 등)가 있다. 화스너 품목은 규격, 사용 용도에 따라 종류가 매우 다양한데, 비교적 저가 품목이기 때문에 구입비용보다 관리비용이 매우 크게 발생하게 된다. 제품 공급뿐만 아니라 기술 지원 및 물류 시스템 활용을 기반으로 하여 고객업체의 원가절감이 가능하도록 지원하는 시스템을 운영하고 있다. M전자를 비롯하여 화스너 품목이 사용되는 다양한 전자, 기계, 자동차 부품 기업을 고객업체로 두고 있다.

2) 한국너클의 CPFR 특성 분석

한국너클의 주요 CPFR 대상자는 모든 고객업체가 된다. CPFR의 특성을 파악하기 위해서 영업담당자와 물류관리담당자와의 인터뷰와 현장방문조사를 실시하였다. 실증 분석에 사용된 설문지를 토대로 질의응답 과정을 거친 뒤 각각의 요인 및 프로세스에 대한 실무자의 현장 상황을 파악하는 데 힘썼다. 한국너클이 CPFR 실행요인 측면에서 가지고 있는 특성들을 중심으로 설명해 보기로 한다.

(1) CPFR 실행요인의 특성

그림 5-8 ▮ 한국너클의 CPFR 성공을 위한 활동요인 실행수준 평균

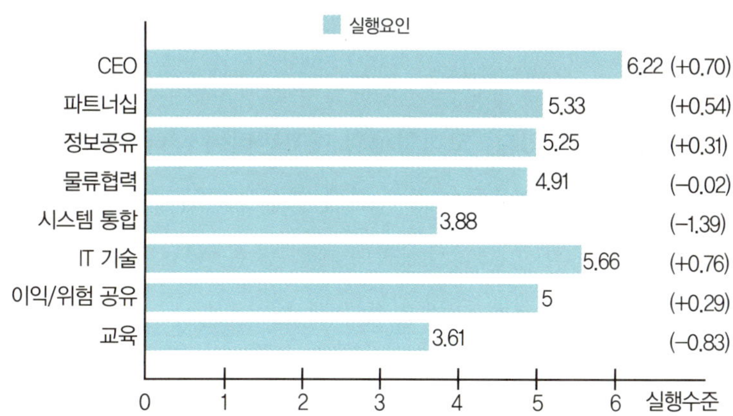

* 1='전혀 그렇지 않다', 4='보통이다', 7='매우 그렇다'
* ( ) 안의 숫자는 125개 SBU의 평균과의 차이(+ : 높은수준, − : 낮은 수준)

한국너클의 CPFR 실행요인의 개별적인 실행수준은 앞서 살펴본 15개 조사대상 SBU의 평균적인 수준과 비교해 볼 때, 요인에 따라서 높고 낮은 수준의 편차가 비교적 큰 특성을 나타내고 있다. 그림에서 보면 CEO, 파트너십, IT 기술의 측면에서는 매우 높은 수준을 보여주고 있으나 시스템 통합, 교육의 측면에서는 매우 낮은 수준을 보여주고 있다. 비교적 CPFR의 실행을 위한 CEO의 관심과 파트너십의 구축수준이 높고 IT 기술의 수준도 높은 것으로 보인다. 그러나 실제적으로 파트너와의 시스템 통합노력이나 CPFR의 실행에 수반되어야 할 교육노력에는 소홀한 측면이 큰 것으로 여겨진다.

① **최고경영진의 의지** : 한국너클의 최고경영진은 조립원가 절감과 공급사슬관리의 선진화를 고객업체에 제공하겠다는 기술 노하우 제공 및 조달과 물류 시스템의 최적화를 위한 노력을 아끼지 않고 있다.

② **파트너십** : 한국너클은 2000년 설립된 회사로서, 사례연구에 소개된 다른 기업에 비해 기업 간 관계 형성에 비교적 짧은 기간을 가지고 있다. 하지만 고객업체의 원가절감 및 물류 시스템에 대한 지원으로 파트너십을 증진하는 데 많은 노력을 기울이고 있다. 고객업체의 재고관리에 대해 정확하고 신속한 능력을 보여줌으로써 신뢰 형성을 추구하고 있으며 일정 수요를 가진 고객업체와의 계약을 통해 재고관리 시스템을 구축하고, 또한 고객업체의 제품 디자인에 한국너클의 화스너 엔지니어를 투입하여 원가절감을 위한 지원을 실시하고 있다.

③ **정보공유** : 고객업체는 화스너 품목의 수요에 대한 정보뿐 아

니라 제품의 설계에 이르는 정보를 한국너클에 공유하고, 한국너클은 이에 따른 화스너의 최적화를 엔지니어를 통해 제공한다. 한국너클이 축적한 노하우는 180여 년이라는 세월 동안 축적된 것으로서, 단순히 화스너의 공급보다 정보공유를 통해 고객업체의 원가절감 및 설계 최적화를 지원하게 된다.

제품설계뿐 아니라 수시로 재고보충과 수요예측에 대한 정기회의를 1주 또는 2주에 한 번씩 실시하며, 수요/공급계획을 서로 공유하여 고객업체의 생산량 증가나 감소에 따른 적절한 보충시스템을 제공하고 있다. 다양한 고객업체를 상대하고 있어 대면식의 정기회의보다는 온라인상에서의 회의가 주로 이루어지고 있다.

④ **물류협력관계** : 한국너클은 자체 물류 시스템을 이용하여 신뢰성 높은 배달성과를 달성하려 노력하고 있다. 물류에 따른 제품의 흐름은 택배시스템처럼 진행 상황을 신속하게 고객업체에 보고하고 있으며 추후 인터넷을 이용한 조회를 가능토록 하는 시스템을 도입 준비 중에 있다.

⑤ **시스템 통합** : 한국너클은 VMI에서처럼 재고관리를 직접 시행하고 있으며, 전자저울 시스템을 사용하여 정보전달 표준화, 기업 간 IT 통합, 기업 간 정보 통합을 실시하고 있다. 즉 창고에서 품목의 전자저울이 무게를 자동으로 확인함으로써 재고상태에 대한 정보를 고객업체와 한국너클에 전달하고 이를 토대로 보충계획이 세워진다. 그리고 정기회의에서의 계획과 비교해 보고 차이가 발생하면 다음 정기회의에서 이에 대한 분석이 이루어지게 된다. 하지만 이는 한국너클 주도의

시스템 통합으로서 고객업체에서 관여하는 부분은 거의 없으며, 이로 인해 전반적인 시스템 통합의 수준이 낮게 측정된 것으로 보인다.

⑥ **IT 기술의 활용** : 파트너십과 시스템 통합에서 이미 언급하였듯이, 재고관리 시스템을 제공하여 고객업체와 한국너클 간에 표준화를 이룬다. 그리고 이를 솔루션으로 활용하고 있으며, 그 관리와 개선에 대한 투자를 지속적으로 실시하고 있다.

⑦ **이익과 위험의 공유** : 협력사들 사이에 구체적인 이익과 위험의 공유 프로그램은 존재하지 않았다.

⑧ **교육** : SCM부서와 영업부 직원들을 상대로 회사의 전자저울 시스템, 재고관리 시스템을 교육하고 있으나 앞선 오토전장의 사례와 마찬가지로 CPFR에 관련된 전문적, 전용 교육은 실시하고 있지 않았다. 따라서 체계적 교육프로그램 구비, 운영, 교육내용 검토, 전문가를 활용하는 등의 내용이 이루어지고 있지 않다.

(2) CPFR 프로세스 역량의 특성

한국너클은 실증적 분석을 통해 주요 CPFR 실행요인의 실행에 있어서 평균보다 높은 수준을 보여주고 있음에도 불구하고 CPFR 성과의 수준은 평균보다 낮은 수준을 보이고 있다. 이러한 결과는 한국너클이 가진 낮은 CPFR 프로세스 역량에서 기인한 것으로 보인다. 다음에서는 프로세스 역량 중에서 특히 낮은 수준을 보였던 협업 프로세스 역량과 통합 계획 및 예측 프로세스 역량의 측면에서 보여준 주요 문제점을 중심으로 실행요인 측면의 특성을 살펴보기로 한다.

그림 5-9 ▮ 한국너클의 CPFR 프로세스 역량수준 평균

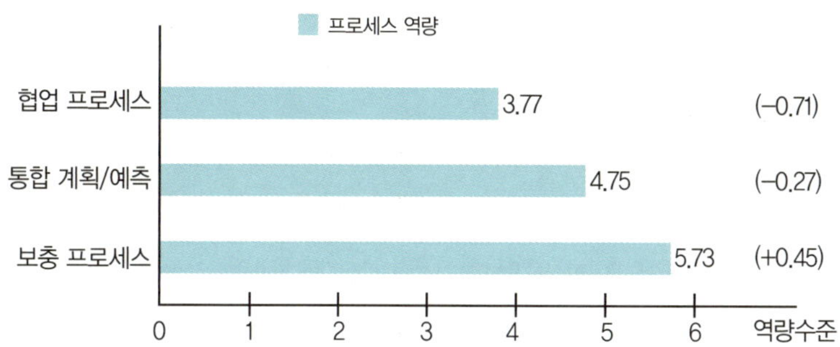

* 1='전혀 그렇지 않다', 4='보통이다', 7='매우 그렇다'
* ( ) 안의 숫자는 125개 SBU의 평균과의 차이(+ : 높은수준, − : 낮은 수준)

① **협업 프로세스 역량 문제** : 한국너클은 대/중/소규모의 여러 고객업체를 상대하고 있고 최소 5만 원의 결제라면 누구라도 고객업체의 범위에 들어가기 때문에 수많은 고객업체들과 긴밀한 파트너십을 구축하는 것은 어려운 상황이다. 물론 거래규모가 크고 오랜 기간 거래를 유지한 고객업체도 존재하지만(M전자) 대부분의 고객업체들은 거래규모가 작아서 보편적으로 고객업체들과의 파트너십의 수준이 약한 편이다. 한국너클은 파트너십이 약한 다수의 고객업체의 존재에도 불구하고 일정한 부분의 고객업체 정보공유는 이뤄지고 있다. 파트너십이 약함에도 불구하고 고객업체들과의 제한적인 정보공유가 일어날 수 있는 것은, 한국너클이 주도적으로 고객업체에게 제공하는 솔루션을 통해서 고객업체가 원가절감 효과를 지원해 줄 수 있기 때문이다. 그러나 기본적으로 고객업

체와의 시스템 통합에 의한 정보 생성과 공유가 이루어지기 보다는 고객업체의 주문에 대응하기 위한 제한된 형태의 정보공유만 이루어지고 있다. 따라서 CPFR이 지향하는 시스템 통합과 공동의 예측을 수행하는 프로세스의 구축은 제한된 수준에 머무르고 있다.

② **통합 계획 및 예측 프로세스 역량 문제** : 협업 프로세스 역량 구축에 필요한 이익과 위험의 공유에 대한 규정이나 계약 내용은 마련되어 있지 않았다. 이는 고객업체와의 거래량이 대체적으로 소량, 소액임에 따라 그 발생 이익이나 위험이 개별 기업에 영향을 줄 수 있을 정도로 크지 않아서 이에 대한 규정이 기업 간 또는 기업 내부에서 정해져 있지 않은 것으로 나타났다.

참 | 고 | 문 | 헌

Andraski, Joseph C. and Jack Haedicke(2003), "CPFR: Time For the Breakthrough?", *Supply Chain Management Review*, Vol.7, No.3, pp.54–60.

Andrews, J.(2008), "CPFR: Considering The Options, Advantages and Pitfalls", *Supply and Demand Executive*, April/May, pp.8–12.

Attaran, Mohsen and Sharmin Attaran(2007), "Collaborative Supply Chain Management: The Most Promising Practice for Building Efficient and Sustainable Supply Chains", *Business Process Management Journal*, Vol. 13, No.3, pp.390–404.

Barratt, M.A. and Oliveira, A.(2001), "Exploring the Experiences of Collaborative Planning Initiatives", *International Journal of Physical Distribution and Logistics Management*, Vol.31, No.4, pp.266–289.

Boddy, D., Cahill, C., Charles, M., Fraser Kraus, M. and Macbeth, D.(1998), "Success and Failure in Implementing Supply Chain Partnering: An Empirical Study", *European Journal of Purchasing and Supply Management*, Vol.2, No.2, pp.143–151.

Braithwaithe, A. J.(1990), "Management of Quick Response", *Textile Asia*, Vol.21, No.5, pp.134–137.

Buhr, Brian and Jean Kinsey(2003), "E–commerce: A New

Business Model for The Food Supply/Demand Chain", The Food Industry Center Working paper.

Büüöğğ, "A Fuzzy Cognitive Map Approach for Modeling CPFR Supporting Factors", *Proceedings of the World Congress on Engineering*, Vol.1, No.1, pp.566-571.

Cao, Mei and Qingyu Zhang(2011), "Supply Chain Collaboration: Impact on Collaborative Advantage and Firm Performance", *Journal of Operations Management*, Vol.29, No.3, pp.163-180.

Cederlund, J.P. et al.(2007), "How Motorola Put CPFR into Action", *Supply Chain Management Review*, Vol.11, No.7, pp.28-35.

Chang, Chia hao and Jimming T. Lin(1990), "Integrated Decision Support and Expert Systems in a Computer Integrated Manufacturing Environment", *Computer and Industrial Engineering*, Vol.19, pp.140-144.

Chang, Tien-Hsiang, Hsin-Pin Fu, Wan-I Lee, Yichen Lin and Hsu-Chih Hsueh(2007), "A study of an Augmented CPFR Model for The 3C Retail Industry", *Supply Chain Management: An International Journal*, Vol.12, No.3, pp.200-209.

Chung, W.W.C. and Leungz, S.W.F.(2005), "Collaborative Planning, Forecasting and Replenishment: A Case Study in Copper Clad Laminate Industry", *Production Planning & Control*, Vol.16, No.6, pp.563-574.

ECR Europe(2002), European CPFR Insight, Available from: http://www.ecr.no/data/f/0/70/62/4_2401_0/2002_cpfr_european_insights.pdf.

ECRA(1997), ECR-Handbuch I, Efficient Consumer Response Austria, Vienna.

Emmelhainz, M.A.(1988), "Strategic Issues of EDI Implementation", *Journal of Business Logistics*, Vol.9, No.2, pp.50-70.

Emmelhainz, M.A.(1993), EDI: A Total Management Guide, Van Nostrand Rein-hold, New York.

Ernest and Young(1990), Quick Response Survey of the Textile and Apparel Industries, Charlote, NC.

Flidner, G.(2003), "CPFR: an Emerging Supply Chain Tool", *Industrial Management & Data Systems*, Vol.103, No.1, pp.14-21.

Foote, P.S. and Krishnamurthi, M.(2001), "Forecasting Using Data Warehousing Model: Wal-Mart's Experience", *The Journal of Business Forecasting Methods & Systems*, Vol. 20, No.3, pp.13-17.

Gruat La Forme, France-Anne, Valérie Botta Genoulaz and Jean-Pierre Campagne(2007), "A Framework to Analyse Collaborative Performance", *Computers in Industry*, Vol.58, No.7, pp.687

Harry, M. and Schroeder, R.(2000), *Six Sigma: the Breakthrough Management Strategy Revolutionizing the World' Top Corporations*, Currency Doubleday, New York, USA.

Hau Lee and Lyn Denand(2005), West Marine: Driving Growth Through Shipshape Supply Chain Management, Stanford University Graduate School of Business case study GS-34.

Hinge, K.T.(1988), Electronic Data Interchange from Understanding to Implementation, AMA Membership publication Division, American Management Association, New York, USA, pp.9-10.

Hingley, Martin, Adam Lindgreen, David B. Grant and Charles Kane(2011), "Using Fourth-party Logistics Management to Improve Horizontal Collaboration among Grocery Retailers", *An International Journal of Supply Chain Management*, Vol.16, No.5, pp.316-327.

Holmstrom, J.(1998), "Business Process Innovation in the Supply Chain: A Case Study of Implementing Vendor Managed Inventory", *European Journal of Purchasing and Supply Management*, Vol.15, No.2-3, pp.127-131.

Hseush, Wenwey(2004), The Power of CPFR-http://www.ecr.no/data/f/0/70/62/4_2401_0/2002_cpfr_european_insights.pdf.

I2 Supply Chain Management(2002), I2 Success Story #148, www.I2.com.

Industry Directions and Syncra Systems(2000), "The Next Wave of Supply Chain Advantage: Collaborative Planning, Forecasting and Replenishment", *CPFR Survey Finding & Analysis*, Vol.1.

Ireland, Ron and Bruce, R.(2000), "CPFR: only the Beginning of Collaboration", *Supply Chain Management Review*, September/October, pp.80-88.

Kincade, Doris H. and Nancy L. Cassill(1993), "Company Demographics as an Influence on Adoption of Quick Response by North Carolina Apparel Manufactures",

Clothing and Textile Research Journal, Vol.11, No.3, pp.23–30.

Kurt Salmon Associates Inc.(1993), Efficient Consumer Response: Enhancing Consumer Value in the Grocery Industry, Food Marketing Institute, Washington D.C., USA.

Lewis, J. David and Andrew Weigert(1985), "Trust as a Social Reality", *Social Forces*, Vol.63, No.4, pp.976–985.

Ling, R.C. and Goddard, W.E.(1995), *Orchestrating Success: Improve Control of the Business with Sales and Operations Planning*, Wiley, Hoboken.

Londe, L. and Bernard, J.(1989), *Partnership in providing customer service: A third-party perspective*, The Council of Logistics Management, Illinois, USA.

Maclean, C.(1986), "Putting Sentiment into Action", *Apparel Industry Magazine*, August, pp.60–66.

Mahoney, Joseph T. and Sung Min Kim(2010), "CPFR as A Relational Contract: An Incomplete Contracting Perspective", *International Journal of Learning and Intellectual Capital*, Vol.7, No.3–4, pp.403–428.

Matthew, D. and Allen, J.(2010), "Case Study: Sony Electronics' Customer Focus and Chaner Collaboration Result in Wal-Mart Supplier of the Year Award", Gartner RAS Core Research Note.

Metters, R.(1997), "Quantifying the Bullwhip Effect in Supply Chains", *Journal of Operations Management*, Vol.15, No.1, pp.89–100.

Olorunniwo, Festus O. and Xiaoming Li(2010), "Information

Sharing and Collaboration Practices in Reverse Logistics", *An International Journal of Supply Chain Management*, Vol.15, No.6, pp.454–462.

Pfeifer, Christine, Julian Hensolt, Kathrin Wolfinger, Nancy Kornas and Steffen Erath(2008), "Investigation of Opportunities that Exist within The Automotive Supply Chain for Collaborative Planning, Forecasting and Replenishment", VICS CPFR White Paper.

Pramatari, K., Papakiriakopoulos, D., Poulymenakou, A. and Doukidis, G. I.(2002), "New forms of CPFR: Daily Collaboration at Store Level", *ECR Journal* , Vol.2, No.2.

Premkumar, G.P., Ramamurthy, K. and Nilakanta, S.(1994), "Implementation of EDI: An Innovation Diffusion Perspective", *Journal of Management Information Systems*, Vol.11, No.2, pp.157–186.

Retail Systems Alert Group Inc.(2004), Wal–Mart, Gillette, West Marine, 3M, and Manugistics Honored at VICS Award Ceremony.

Sagar, Nikhil(2010), "Delivering The Plan: The CPFR and S&OP Continuum", *Journal of Business Forecasting*, Winter, pp.14–20.

Seifert, Dirk(2003), *Collaborative Planning, Forecasting and Replenishment*, Amacom, New York, USA.

Shapiro, R.(1984), "Get Leverage from Logistics", *Harvard Business Review*, Vol.62, No.3.

Shu, Tong, Shou Chen, Chi Xie, Shouyang Wang and Kin Keung Lai(2010), "AVE–CPFR Working Chains on The

Basis of Selection Model of Collaborative Credit-Granting Guarantee Approaches", *International Journal of Information technology & Decision Making*, Vol.9, No.2, pp.301-325.

Simatupang, T.M. and Sridharan, R.(2005), "The Collaboration Index: A Measure for Supply Chain Collaboration", *International Journal of Physical Distribution & Logistics Management*, Vol.35, No.1, pp.44-62.

Thomas, Andrew J. and White, Andrew G.(1998), *Collaborative Commerce Over the Internet: CPFR In Action Or The End of ERP as we Know it!*, Logility, Inc.

Tim Cooper-Jones(2004), Unilever's NPI initiative, Published at M-a-p.co.uk, IEE(www.iee.org/OnComms/PN/controlauto/Unilever.pdf) and Rfidjournal.com.

VICS(1999), Roadmap to CPFR: The Case Studies. Available from: http://www.vics.org.

VICS(2002), Global Commerce Initiative Recommended Guidelines: Collaborative Planning, Forecasting and Replenishment Version 2.0. Available from: http://www.vics.org.

VICS(2004), CPFR: An Overview, Available from: www.vics.org.

Wang, WenJie, Yufei Yuan, Norm Archer and Jian Guan(2005), "Critical Factors for CPFR Success in the Chinese Retail Industry", *Journal of International Commerce*, Vol.4, No.3, pp.23-39.

Wisner, J.D., Leong, G.K. and Tan, K.C.(2005). *Principles of Supply Chain Management*, Thomson, South-West.

Yao, Y. and Dresner, M.(2006), "The Inventory Value of Information Sharing, Continuous Replenishment, and Vendor-managed Inventory", Transportation Research Part E 44, pp.361-378.

Yao, Y., Dong, Y. and Dresner, M.(2004), "Supply Chain Learning and Spillovers in Vendor Managed Inventory", *Working paper*, Lehigh University.

구봉준(2007), "VMI환경에서 최적생산계획 연구", 석사학위논문, 경기대학교 대학원, 수원, 대한민국.

구자열(2000), "공급사슬관리(SCM)에 의한 물류혁신", 마케팅관리연구, 제5권, 제3호, pp.105-120.

김완평, 김병호(2002), "프로세스 공유를 통한 협력적 전자상거래의 활성화에 관한 연구", 대한산업공학회/한국경영과학회 2002 춘계공동학술대회, pp.342-346.

김정희, 이재은(2010), "제3자 물류에서 물류협력관계가 만족과 재무성과에 미치는 영향", 한국물류학회지, 20(3), pp.37-63.

김태현, 문성암 공역(2006), 물류 및 공급체인관리, McGraw-Hill Korea, 서울, 대한민국.

김태현, 오문성, 김이석(2011), "수요의 특성과 공급체인 협업 유형의 적합성 연구", 로지스틱스연구, 19(1), pp.97-116.

김헌덕(2003), "풀무원과 LG유통의 협업 사례 발표", 제6차 ECR 아시아 컨퍼런스, pp.217-233.

안성제(2005), "유통 채널상에서의 이익과 위험 공유계약", 경제경영저널, 20(1), pp.173-190.

안영진, 유영목, 홍석기(2010), 생산운영관리, 박영사, 서울, 대한민국.

어윤대, 방호열, 김남영(1999), "제휴 파트너간 신뢰형성의 결정요인", 국제경영리뷰, 3(1), pp.39-66.

오두현(2005), Global CPFR 프로세스의 성공적 구축에 영향을 미치는 요인에 관한 연구, 석사학위논문, 한양대학교 대학원, 서울, 대한민국.

유영목(2010), 서비스 품질경영, 양서각, 서울, 대한민국.

유효정(2010), "소니, CPFR 도입 적극 나서", ET뉴스.

이상정(2003), "섬유 산업의 QR시스템 구축을 통한 생산성 향상 방안에 관한 연구", 박사학위논문, 한양대학교 대학원, 서울, 대한민국.

최성열, 이진석, 문희철(2003), "SCM 파트너간 정보교환 영향요인과 전략적 성과에 대한 실증적 연구", 인터넷전자상거래연구, 3(2), pp.235-253.

허권우(2010), CPFR도입을 통한 공급체인상의 개선 사례연구: L전자의 CPFR구축 성과를 중심으로, 박사학위논문, 경북대학교 대학원, 대구, 대한민국.

찾아보기

| **저자약력** |

조규완

단국대학교 대학원 경영학과(경영학 박사, 2012)
삼성전자(주) 근무
한국생산관리학회 이사 역임
현재, 한국구매조달학회 이사
에스바이켐(주) 대표이사
단국대학교 경상대학 경영학부 겸임교수(ssbctop@dankook.ac.kr)

유영목

University of Nebraska 대학원 경영학과(경영학 박사, 1986)
한국생산관리학회 부회장, 이사, 편집위원, 학술위원장 역임
한국경영학회 이사
한일경상학회 이사, 감사, 부회장 역임
현재, 단국대학교 경상대학 경영학부 교수(ymyu@dankook.ac.kr)

[주요 저서 및 역서]
SPSS 활용 경영통계학(양서각, 2011)
서비스 품질경영(양서각, 2010)
생산운영관리(박영사, 2010, 공저)
기업과 경영(북넷, 2009, 공저)
물류관리의 종합적 이해(형설출판사, 1998, 공저)
서비스 경영(한국맥그로힐, 2011, 공역)
조직의 변화를 리드하는 빅 아이디어(21세기 북스, 2003, 공역)
서비스수익모델(삼성경제연구소, 2000, 공역)
성공기업의 딜레마(모색, 1999, 공역)

CPFR for Global Supply Chain Management
- 글로벌 SCM을 위한 혁신적 CPFR -

2013년 7월 20일 1판 1쇄 인쇄
2013년 7월 25일 1판 1쇄 발행

저 자 조규완 · 유영목
발행인 이수영
발행처 도서출판 청람

㉾ 121-811
서울시 마포구 독막로 288(대흥동, 세양상가 109호)
TEL : 02)3272-2601(대)~2 FAX : 02)3272~2603
E-mail : crbooks@hanmail.net
http://www.crbooks.co.kr

등록 : 2000. 8. 26 제6-0509호

ISBN 978-89-5972-332-4 93320 [정가 18,000원]